YOU ARE YOUR OWN
BEST TEACHER

学会自学

纪坪

◎

著

中国 友谊出版公司

图书在版编目（CIP）数据

学会自学 / 纪坪著.-- 北京：中国友谊出版公司，2021.3
ISBN 978-7-5057-5136-1

Ⅰ.①学… Ⅱ.①纪… Ⅲ.①自学－学习方法 Ⅳ.
① G791

中国版本图书馆CIP数据核字（2021）第028933号

著作权合同登记号：01-2020-7545

书名	学会自学
作者	纪 坪
出版	中国友谊出版公司
发行	中国友谊出版公司
经销	北京时代华语国际传媒股份有限公司　010-83670231
印刷	北京盛通印刷股份有限公司
规格	880×1230 毫米　32 开
	6.5 印张　90 千字
版次	2021 年 3 月第 1 版
印次	2021 年 3 月第 1 次印刷
书号	ISBN 978-7-5057-5136-1
定价	39.80 元
地址	北京市朝阳区西坝河南里 17 号楼
邮编	100028
电话	（010）64678009

师父领进门，修行在个人

学习母语，即学习妈妈的话语、声调，是我们每个人都曾经历的学习过程。在牙牙学语的阶段，我们不断重复着妈妈的话，从单字、模糊的音调，到词语、句型，最终可以侃侃而谈。可以说，我们的学习都是源自模仿，从外在的形似，到内在的神似，最后形成自己的风格。

纪坪是我在台湾科技大学企业管理系教过的学生。我至今还依稀记得他当年青涩、认真的模样。他毕业后，我和他没有特别地联系过。然而，一次偶然的机会，我在网上查找营销相关的资料时，看到一些和我的教案风格类似的内容，再看一下作者，是纪坪，果真是我多年前的学生。我在台湾科技大学教营销管理二十余年，有不少教案是我参酌学理和国内外案例，再加上个人经验，审慎地编写出来的。我一向将教案全数给学生，勉励学生将其自行消化，再进一步和公司同人或周围朋友分享。希望让更多人感受到知识的力量，在生活和工作中受益。

俗话说，"师父领进门，修行在个人。"身为老师，我当然希望学生尽可能学到更多。我很高兴看到纪坪有伟大的雄心，卓越的"偷师"能力。我希望他不自满，能持续精益求精，跳脱框架，走出自己的一片天。我衷心祝福他！

林孟彦
台湾科技大学企业管理系教授

感谢大师们为我们开路

刚开始商务写作时，我并没办法从零到有去写出一些自己的东西，于是我从脸书、亚马逊、路易威登、易趣、麦当劳"拷贝"已有的故事，再慢慢地加入自己的观点。

我对于企业的品牌故事相当感兴趣，从苹果、微软、谷歌、索尼等公司到迪士尼、星巴克等各行业龙头，再到"股神"巴菲特的控股公司伯克希尔·哈撒韦等。然而如果只是原封不动将这些故事抄一遍，一来没有新意，二来也很难内化成自己的东西，于是我用写一本书的框架思维，试着重新包装这些故事。当时我从图书馆借了十二个品牌的相关书籍，从中找出自己最有感触的部分，再分别结合"管理、营销、策略"等过去学到的企业管理理论，改写为一篇篇自己的短篇文章。最后越写越起劲，将十二星座的意象赋予品牌故事中：

拉里·佩奇（1973.3.26）：热情、爱冒险的白羊座创造了谷歌，为人们探索全世界。

马克·扎克伯格（1984.5.14）：沉稳、念旧的金牛座创造了脸书，为人们联系全世界。

皮埃尔·奥米迪亚（1967.6.21）：聪明、灵巧的双子座创造了易趣，让人们在全世界经商。

霍华德·舒尔茨（1953.7.19）：爱家、感性的巨蟹座创造了星巴克，让人们懂得品尝和休憩。

路易·威登（1821.8.4）：尊荣、爱表现的狮子座创造了路易威登，让人们懂得品味和设计。

沃伦·巴菲特（1930.8.30）：细心、注重细节的处女座创造了伯克希尔·哈撒韦，让人懂得投资和理财。

雷·克拉克（1902.10.5）：平和、有协调力的天秤座创造了麦当劳，为人们节省时间又满足味蕾。

比尔·盖茨（1955.10.28）：神秘、有进取精神的天蝎座创造了微软，为人们提供便利生活的同时又丰富视野。

华特·迪士尼（1901.12.5）：乐观、自由的射手座创造了迪士尼，让纯真童话能够深入人心。

杰夫·贝索斯（1964.1.12）：内敛、有耐心的摩羯座创造了亚马逊，让书籍学识能够熏陶人心。

盛田昭夫（1921.1.26）：创新、多变的水瓶座创造了索尼，让音乐飨宴能够伴随左右。

史蒂夫·乔布斯（1955.2.24）：爱艺术、爱浪漫的双鱼座创造了苹果，让智慧生活能够跟随你我。

一样的故事，通过结合不同的理论，再加上轻松的图画和星座色彩后，就能有新的味道，也让自己能更系统化地整理这些故事和理论。这就是拷贝、拆解、上色、拼图的"神偷力"。最后这数十篇的文章，不但成了我写网络专栏的基础，更帮我的大脑建立了一套有系统的回路，新观念可套用旧故事，新故事可结合旧理论，随时都能透过加、减、乘、除发挥"系统力"。

然而要想成功使用这套思维方法，首先必须要能跳脱固有的框架，培养打破标准答案的"思考力"，接下来还要具有不断执行并改良的"行动力"，以及了解自己的天赋特质，找到适合自己路线的"门派力"。于是通过对神偷力、系统力、思考力、行动力、门派力的琢磨，不知不觉中，我的专栏文章早已超百篇，并准备出版这第四本书。

仅以此书致敬所有大师，他们为后人提供了无限的宝贵素材。

第一部分 "神偷力"

第二部分 系统力

第三部分　思考力

第四部分　行动力

第五部分 门派力

"小偷"　　　"神偷"

```
┌─────────┐        ┌─────────┐
│ 拷贝 +  │        │  拷贝   │  →  ┌─────────┐
└─────────┘        │（＋加法）│     │  拆解   │
                   └─────────┘     │（－减法）│
                                   └─────────┘
```

原封不动地拷贝

搜集信息、
储存、模仿

归纳、整理、分析、
去粗存精

```
┌─────────┐    ┌─────────┐
│  拼图   │ ←  │  上色   │
│（÷除法）│    │（×乘法）│
└─────────┘    └─────────┘
```

整合、浓缩、创造力

加上自己的经验、
专长、创意

1.“神偷”：“偷”到出神入化，草木可以为剑

聪明、积极、冷静、勇敢、乐观、自信、自律。

以上这些特质，哪些是有成就的人应该具备的特质？这些皆属于正面特质，也都有可能是成功者的特质之一，但事实上鲜有人能同时拥有以上所有特质。然而有一种特质和能力，看起来似乎不那么正面，却几乎是所有创新者必备的，那就是“偷”的能力。

什么意思？

有人说，这世界上根本没什么东西是从无到有的。每一个“神创意”，都源自其他人和事物带来的灵感；所以，越是擅长从天地万物中“偷”东西的人，就越有更多的可能与机会，打造属于自己的成就。这里须要说明，“偷”总是不太好的，实际这里所讲的“偷”是指“学”“拿来”的意思。

"神偷"如何"偷"？

迪士尼的童话世界，是全世界的孩子们心中最向往的梦幻国度。事实上，迪士尼的许多作品，从《白雪公主》《睡美人》《灰姑娘》《长发公主》《爱丽丝梦游仙境》《花木兰》《阿拉丁》到《冰雪奇缘》，这些脍炙人口的创作，其实根本就不是迪士尼所原创，而是迪士尼"偷"了别人的故事后，加以改编后呈现出来的。

即使如此，大家谈到这些作品时，都像是迪士尼原创一样。

苹果公司的创始人史蒂夫·乔布斯和微软公司的创始人比尔·盖茨被看作是计算机科技时代最伟大的两位创新者，他们都曾经承认过，奠定 Mac 和 Windows 事业基础的电脑图形界面，都是借鉴他人的。两个系统的整个灵感，都是从别人手上"偷"来的。乔布斯还曾说："当海盗比加入海军更加有趣。"

过去，汽车制造业效率不高，福特汽车从猪肉屠宰场中获得了灵感，开始采用流水线生产模式，将生产线拆分成几个工序，成功地提升了生产效率。

过去，快递业的效率不高，联邦快递从自行车轮中获得了灵感，开始采用和车轮中央轴类似的概念，即先集货再转送到各据点的方式，成功提升了配送效率。

"偷"东西不一定是直接"偷"，有时候只是"偷"到了一点灵感，就足以大放异彩。

麦当劳、星巴克和可口可乐，是全世界最具价值的三个餐饮品牌，它们有一个共同点，就是创始人是品牌的奠基者，而不是最早的"原创人"。他们都是从别人手上"偷来"创意，再加以发扬光大，成就伟大的商业帝国。

麦当劳的创始人雷·克拉克原本只是麦当劳餐厅的一位加盟商，他通过不断扩张和创新的商业模式，以270万美元的代价，取得整个麦当劳的经营权，最终使麦当劳发展成全世界最具价值的餐厅品牌。

星巴克的创始人霍华德·舒尔茨原先只是星巴克咖啡厅的一位员工，他不断精进咖啡厅的经营模式后，以400万美元的代价，取得星巴克的经营权，最终使星巴克发展成为全世界最具价值的咖啡品牌。

可口可乐的创始人阿萨·坎德勒更是慧眼独具。他把一个原先被用作治头痛的糖浆药水变成可口的碳酸饮料，仅仅用了 2300 美元的代价，就拿到了可口可乐的经营权，最终使可口可乐发展成为全世界最具价值的饮料品牌。

"神偷力"决定影响力

发现了吗？历史上所有成功的创业者和创新者，无一不是借鉴他人的灵感，甚至直接从他人手上"偷"来或"抢"来创意，再不断改良、精进，成就更伟大的作品。这最早的基础，往往出自他人之手。

这些懂得发挥"神偷力"的创新者，仅用了很小的代价，就从他人手中得到珍贵的宝物，再拿到自己的王国加工，最后成为传世之宝。

无论是企业家、发明家，还是艺术家，所有有成就者，或多或少都发挥了"偷"的才华，他们早期的作品中可以看出有他人的影子；某些具有创造力的人，一开始都是先模仿他人，从他人身上"偷"东西，在前人创造的基础上，踩着前人的贡献往上爬。而当"偷"到出神入化之时，草木都可为剑。

毕加索曾说："优秀的艺术家抄袭，伟大的艺术家剽窃。"想有所成就，走出自己的路，与其循规蹈矩、墨守成规，不如去借用他人的创意，打造专属自己的"神偷力"。

2. "小偷"："不成熟的诗人模仿，成熟的诗人偷窃"

在一个偶然的机会下，我受邀至某大学担任大四学生毕业报告的评委。这个毕业报告的研究方法是采用"访谈"的形式，学生分组后与指导老师讨论主题，让学生依据不同的主题找到访谈者，搜集资料后进行整理归纳，以毕业报告的形式呈现，并于期末上台做讲演。

毕竟是大学本科阶段的报告，因此在严谨度的要求上，自然不用像硕士、博士的学术论文一样严格，重要的是学生有了实践和学习的机会。报告的题目五花八门，比如咖啡厅的营销策略、诚品书店的读者研究、网络使用者习惯、服饰店的动线设计等等。

当中有不少让人惊艳的作品，从报告资料的搜集、呈现，到学生的陈述表现都相当出色，可看出他们对报告的投入以及这些学生未来的无限潜力。如果我是个想要广纳人才的企业老板，也许能从这场答辩中找到合适的人才。

当然，也有不少学生在"混"，采访资料很随便，用了大量网络资料来撑篇幅，只是希望能交差了事。这种报告通常不太困难，老师也不必太较真儿，只要报告成形，学生们分组讲演，几乎都能通过。

复制、粘贴?

不过即使已经睁一只眼闭一只眼了，还是有一组学生的报告让评委老师们难以评价。

这组报告的主题是"对于台湾地区房市的看法"，访谈资料十分丰富，都至少是上百字的论述，报告的页数还远远超过其他组的学生，看上去很不错。但事实上，整篇报告中，完全看不出学生与受访者的互动过程，反而像是受访者的自言自语。或者说，更像是受访者自己交了一份发表对未来房市看法的报告给这组学生。

如果单一受访者有这种情况还有可能，偏偏这组学生找的五位受访者都是如出一辙，有些字体大小还不太一样。很显然，这些访谈稿是他们抄来的资料，他们没有好好消化整理就直接复制粘贴，形成了这份厚厚的报告。每一位评委老师，一眼就能看出个中问题。

接着我随机抽出报告中几行字在网上搜索了一下，果然马上找到了这些访谈资料的来源。原来，这都是网络上的内容，这组学生一字不落地将其粘贴到论文中，当成他们自己的采访稿。改都没改，也没交代来源，这完全就是"小偷"的行为。这样的报告，已经不是睁一只眼闭一只眼的问题，而是必须完全闭上双眼才能让他们通过了。

"神偷"与"小偷"

我自己在学生时代不是太用功的学生，也不觉得对报告的要求一定要很严格。我认为，只要在写报告的过程中获得启发和收获，能对自己所学的东西和作品负责就好。况且在学校拿到的分数高，也不代表未来在职场上一定会有好成绩。但即使如此，如果连表面功夫都做不好，无论到哪个地方都不可能有好成绩，而这种轻易被发现是抄袭的报告，未来在职场上更是一种大忌。

诗人艾略特曾说过："不成熟的诗人模仿，成熟的诗人偷窃；蹩脚的诗人让原作面目全非，优秀的诗人则使其提高升华，或至少让人耳目一新。"

"神偷"与"小偷"最大的差别，就是"小偷"被抓到了，所以成了"小偷"。"神偷"无法被抓住，所以他是"神偷"。

如果你想开一家汉堡店，汉堡完全模仿麦当劳的麦香堡的做法，还取名叫"麦麦堡"，那这就是抄袭，就是一个"小偷"。但如果你能同时把麦当劳、肯德基、汉堡王都抄一遍，再跑到国外去取经，学会各家的优势，创造一种有自己风格的新汉堡，那这就是创新，而你就是个"汉堡神偷"。

要努力当个"神偷"，别像个"小偷"。

所以，再复习一下，如果我想打造一家内衣品牌，却完全抄袭了华歌尔的设计，那我是"神偷"还是"小偷"？没错，是"内衣小偷"。

3. 馆藏：专注能创造价值的东西，让收藏馆只放宝物，不放杂物

　　大部分有价值的知识和资讯，都不可能是无中生有的，必须从外界想办法"偷"回来。于是就衍生出了两个重要的问题：哪些东西值得"偷"？"偷"回来后如何保存？这体现了一个人的资讯搜集力和运用力。

　　学生时代，人们往往搞不清楚自己想要学习什么样的知识。学生获取知识的主要途径，就是从学校提供的课本入手，想办法多背一些，考试的时候多得几分。

　　从小学到高中整整十二年的时间，我们读了多少本课本？回过头来想，现在还记得的剩下多少？离开学校后真正能派上用场的又有多少？其实不难发现，真正能进入到心坎里的东西，其实少之又少。

　　反而，抛下这十二年累积的课本，无论是小说、漫画、电影或是其他读物，能真正留在我们记忆中的显然更多；因

为这些内容是我们自发选择，并能从中得到乐趣和收获的。

值得"偷"的东西分两种：第一种是"有用的"，比如能用于职场和生活上的专业知识和技能；第二种是"有趣的"，因为我们能从中得到更多的启发和触动。

知名导演吉姆·贾木许曾说："只要偷学那些能给你灵感的东西就好，这样一来，你偷学来的作品就是你自己的。"不要人云亦云，只"偷"适合的东西，再将这些原属于别人的想法，想办法储存下来，搬回到属于自己的宝库。

收藏馆

我开始写作时，培养了一个最重要的习惯，就是当脑海中出现好点子，或是看到听到任何值得借鉴的东西，一定要先想办法把重点记录下来。储存的方法有很多种，有人习惯用笔记，有人喜欢拍照录影，有人会靠手机记录。

三星的创始人李秉喆喜欢用便条纸记录想到的东西，有时候一天甚至可以用掉上百张，公司的许多重大决策都是在这些便条纸上诞生的。

如今手机和网络的使用越来越方便，无论是财经新闻还是管理类的文章，都很容易检索。通常我只看能让我有感触的文章，而且只抓重点，不一定要读完全文。然而光是看还不够，最重要的是要把它们放到自己的"收藏馆"。

畅销书作家马尔科姆·格拉德威尔曾表示："直觉并不是我们脑中那个突然点亮的灯泡，而是忽明忽暗、会轻易熄灭的烛光。"突发的灵感得来不易且稍纵即逝，不储存下来实在可惜。

灵感能否爆发，往往取决于人们看待这些灵感的态度。

只放宝物，不放杂物

每个人都要有一间属于自己的收藏馆。当然，每个人的方式不同，只要是便于自己搜集、储存并提取的方法，都是好方法。

但记得，千万不要什么东西都搬进去，要只搬有用的或有趣的。如果我们不能分辨宝物和杂物，一股脑儿地把所有东西都搬进去，那么这个收藏馆最终只会变成废弃的仓库，堆满没用又舍不得丢的东西。如果我们一开始就懂得取舍，只放宝物进去，那么这个收藏馆最后就会变成一座博物馆，而我们将成为策展人，让每一样东西都派得上用场。

很多时候，天才与庸才的差别，就在于对待取舍的态度。人的时间和精力有限，假如仓库中堆满我们无法学习的东西，那只会消磨掉一个人的进步动力。我们要专注于少数能创造价值的东西，让自己的收藏馆只放宝物，不放杂物。

4. 创造：要打破前人的习惯，才能自成一派

"神偷"与其他人最大的差别，就是"偷来"的东西，有没有经过聪明的"创造"，让这件被"偷来"的"赃物"焕然一新，成为截然不同的新作品，从此跳脱"小偷"的格局，成为一个"神偷"。

很多领域的大师级人物，都曾被指控过他们"偷"了他人的创意。有趣的是，他们对此也从来不讳言，他们的成功，确实或多或少都"偷"了别人的某些东西。

乔布斯曾说："我们从来不觉得偷别人的点子有什么好可耻的。""偷"不是照本宣科，而是建立在前人的基础上发挥创意，继续往上爬。

"偷"完记得一定要打破前人原本的习惯，最后才能自成一派。就像日本禅道里的"守、破、离"之道：师父领进门先教"守"，模仿既有的东西；弟子有了一定的火候后就得学会"破"，打破既有的框架；最后学会"离"，

把学到的东西重新组合起来，化他人的心血为自己的骨肉。

"神偷"的创造系统

英国哲学家培根曾将人分成三种，就颇能体现这门学问。

第一种人像"蜘蛛结网"，这种人所有的作品，都是从自己的肚子里吐出来的，不擅长从外界取得更多的元素，像是一个闭门造车的工匠。这种人连"偷"字都沾不上边。

第二种人像"蚂蚁囤粮"，这种人只懂得原封不动地将从外面取得的东西搬到自己的窝里储藏，不懂得如何加工改造，把这些东西变成更加有用的资产。这种人只能算是个"小偷"。

第三种人像"蜜蜂酿蜜"，这种人懂得广采百花精华后，再加上一番酿造技术，将花蜜转化成蜂蜜。这种人懂得将从外界搜集来的素材，加上自己的消化和转化后，使其成为更有用的资产。这种人才更像个"神偷"。

换句话说，"神偷"与其他人的差别在于加工的过程。"小偷"只会复制粘贴，原封不动地把东西搬回来；聪明的"神偷"则懂得把搬回来的东西，透过拷贝、拆解、上色、拼图四大创造步骤，彻底变成自己的东西。所有具有创造力的人才，一定像个"神偷"，而不是像一个"小偷"。

拷贝、拆解、上色、拼图

"神偷"怎样才能把偷来的东西变成自己的东西呢？

首先把东西"拷贝"回来。接下来把它"拆解"，将没用的东西丢掉。之后用自己的想法给它"上色"，加入自己的色彩。最后将所学所知淬炼后，"拼图"出一个独一无二的全新作品。

我们也可以用我们所熟知的数学四则运算（加、减、乘、除）来解释四者的差异。

（1）"拷贝"的能力是一种"加法"。这是一种资讯搜集、储存和模仿的能力，也是一种将外界资源"偷"回来的能力。要采用百家之言，如此才有足够的参考资料，而这也是获取灵感最基本的一个功夫。

画家达利说："没想过要模仿什么东西的人，也做不出什么东西。"

（2）"拆解"的能力是一种"减法"。这是一个归纳、整理、分析、去芜存菁的过程。留下有用的东西，把没用的东西丢掉，一来避免被过多无用的信息所干扰，二来也更有精力专注在少数关键的资源中，只抓住自己有用的东西。

如雕塑家罗丹说："我选一块大理石，然后切掉我不要的部分。"

（3）"上色"的能力是一种"乘法"。这是一种资讯转换的能力，把"偷"回来的东西消化吸收后为自己所用，再将自己的经验、专长、创意、天赋融入其中，改造成完全不一样的东西。

作家莫泊桑说："大艺术家就是那些将个人的想象力强加给全人类的人。"

（4）"拼图"的能力是一种"除法"。这是一种创造的能力，通过整合、浓缩自己的所知所学，创造出一个独一无二、专属于自己的作品。诸如商业模型、艺术作品、论文著作，都是这项能力的产物。

诗人艾略特说："优秀的诗人会把'偷来'的东西融

入整体情境，创造出独一无二的作品，与原作截然不同。"

拷贝、拆解、上色、拼图，四大改造系统缺一不可，也唯有如此，才能跳脱前人的框架，成为一个"神偷"。

5. 拷贝：先学会规则，然后打破它们

论文是硕士生毕业的门槛之一，也很可能是不少人在学生生涯中，第一次能从头到尾完成自己的正式著作的机会。

可怕的是，不论这本著作写的是好是坏，原则上都要被收录进数据库，只要有人感兴趣，就能看见你的名字和著作。如果写得不好，不就成了一辈子的污点了吗？

一些硕士生，在写论文之前充满了理想，认为这既然是自己的代表作，一定要将它写得尽善尽美，研究的主题要够崇高，研究的方法要够严谨，研究的结论要够有贡献，最好能改变世界。

还有些人则在论文八字还没一撇时，就开始小心翼翼地保护它，生怕被别人"偷"走了创意和知识产权。

回过头来想，你认为他们的智慧结晶，真的那么有价值，让人渴望"偷取"吗？

一位我很尊敬的指导老师，曾告诉我一个全然不同的观点："硕士生不要想写出什么博大精深的论文，真想好好做研究留到博士班。"

什么意思？

硕士论文不是用来改变世界的

硕士阶段的论文训练，可以说是学生第一次正式的学术论文训练，重点在于让我们能了解前人怎样做研究，让我们能依循着前人的思考轨迹，只要能够将前人的思路好好地走过一遍，其实就是大丰收了。

通过学术架构，从研究背景和动机的拟定、过去文献的整理、研究方法的设计，到最后得出研究结果，写出属于自己的发现和结论，就是一个相当优秀的论文学习过程了。至于论文对于这世界有没有贡献，不一定那么重要。

一个好的论文训练过程，不是要让学生拿来改变世界的，而是要改变学生看世界的方式。基本的论文架构，大致分成五大章节。

（1）研究背景与动机；

（2）文献综述；

（3）研究方法；

（4）研究结果；

（5）结论与建议。

你认为哪一个最重要？

有人说研究背景与动机最重要，因为方向对了后面才不会白走。有人说研究方法最重要，因为写论文就是要学习如何使用统计工具。有人说研究结果最重要，因为写论文的目的就是要得到这些结果。有人说结论与建议最重要，因为写论文就是要做出最后的成果，建议的阐述通常也最多。第一次写论文的学生往往认为文献综述最不重要，因为所谓的文献综述，只是去搜集、整理他人的研究结果，又不是自己所创，有什么重要？我当初也这么认为，然而在我完成硕士论文十年后，对我最有用的能力，恰恰是整理文献综述的能力。为什么？

因为在这个部分，正确的文献综述训练，教会了我如何去"偷取"他人的智慧，并通过"改写"的方式，变成自己的东西。

这项能力，无论是商业模式的建立，还是写作灵感的获取，都是最重要的一项能力。当你懂得去寻找需要的资料，就能到处"偷"灵感、"偷"思维，就能更快速地"拷贝"他人的成功，然后再想办法加以改造，化成自己的血肉。

"先像专家一样学会规则，然后才能像艺术家一样打破它们"

记得学生时代，不少学生都热爱打篮球和看 NBA（美国职业篮球联赛），而每一个人或多或少都喜欢去模仿自己喜欢的球星。有人喜欢模仿迈克尔·乔丹的打球动作，有人喜欢模仿科比·布莱恩特的打球态度。

那么像迈克尔·乔丹、科比·布莱恩特这些最具创造力的篮球巨星，总应该是最独树一帜，不走前人路的吧？其实不然，他们也不断在"拷贝"前人有用的特质。

乔丹曾说："如果我没有看到过 J 博士在全盛时期的惊人演出，我就不可能拥有像现在一样的视野。"

科比更是直接地说："我场上所有的动作，都是从观看偶像球星的录影带中学来的。"

无论在哪个领域，技能、风格、特质都不是一生下来就决定的，而是通过不断去"拷贝"自己所喜欢的人或事物来习得。学音乐，得先学着弹弹那些伟大前人的乐谱；学作画，得先学着临摹那些伟大前人的画作；学写作，得先读读那些伟大前人的著作。而所有最后能自成一格的人都很清楚，他们不可能百分之百去"拷贝"任何人，因为每个人的天赋、天性、资源都不一样。然后就算只"拷贝"5%，画虎不成反类犬也没关系。因为接下来该做的事，不是努力把这只犬画得像虎，而是最好把这只犬画成完全不一样的东西，可以是条鱼，也可以是条龙，就是别像虎。

毕加索曾说："先像专家一样学会规则，然后才能像艺术家一样打破它们。"

6. 拆解：去芜存菁的艺术

一个活泼好动的小男孩，在一次亲友聚会中看到人多热闹，开始吵着要去夜市逛街买零食。大伙儿怎么能让这小子这么容易得逞呢，于是大家找到一个被打乱的魔方，让孩子接受挑战。

"如果你能转出六面颜色一致的魔术方块，今天让你在夜市吃到饱。"

一个已经被转乱的魔术方块，如果平常没有玩过，掌握不了技巧，真要转好没那么容易。小男孩在接过方块，认真研究了一番后，露出了一个贼笑，神秘地说："我去转一下，等我一下哦。"然后就拿着魔术方块到角落去转了。

大伙不以为意，继续闲聊，没想到过不了多久，小男孩就拿着魔术方块回来了，把已经转好的魔术方块摆到了大伙眼前。

"看！转好了，快！去夜市！"

怎么可能？被调包了？还是这孩子是天才？

原来，小男孩研究了魔术方块后，发现要解开实在太麻烦了，但他却发现，方块上的所有色块，都是一张张贴纸粘上去的，所以这小子很快放弃老老实实地转方块，而是将贴纸一张张撕下，再照色块逐步粘回去，很快就完成他的"劳作"。

"这孩子这么小就懂得投机取巧怎么行，真该好好教导他！"一位较古板的朋友忍不住担忧地说教起来。但仔细想想，这小子其实并没有违反一开始的约定，只是用他的方法完成了任务，懂得跳脱规矩难道真的不好吗？

把复杂的大事拆解成能处理的小事

其实这个小男孩做的事情，看起来像在投机取巧；但事实上，他用到的正是成为一个"神偷"的重要技能之一——拆解。

把看似麻烦复杂的大东西拆解成一块块的小东西，让原本没办法解决的大事变成能够逐一解决完成的小事。

如果我想要写好一本书，绝对不是书名想好后，就从第一页开始写下去，如果用这样的方法来写书，写到天荒地老可能都完不成。

那应该怎样做？

首先，先将这本书拆成五个章节，想好每一个章节的主题，再将每个章节拆成八篇文章，每篇文章再大概拆成三个部分，然后逐步地去完成这些小的部分，最后重组起来，就是一本完整的作品。

拆解的技巧用得好，对于集中力和聚焦力有很大帮助，当我们思考条理和脉络时，就更能聚焦在关键的问题上，找出好的点子和解决办法。我们没有时间去处理所有的资讯和事情，很幸运的是，其实绝大部分的事情，都不值得我们费心去处理。

马克·吐温曾说："取得领先的秘诀是先开始。而开始的秘诀，就是把复杂的事分割成一件件做得到的小事，然后从第一件开始。"

拆解能力，是一种减法艺术

拆解能力的另外一种运用，是对于新搜集资讯的运用能力，即归纳、整理、分析的能力。将没用的东西丢掉，留下有用的东西，通过去芜存菁的过程，让自己的精力只集中在少数有用的关键资源上，是一种"减法"的运用力。

达尔文曾说："科学就是整理事实，以便从中得出普遍的规律和结论。"

资讯的搜集绝非越多越好，而是懂得去搜集到关键资讯，并懂得去拆解资讯为自己所用。相关研究指出，不少在课业或事业上表现优秀的人，不一定是记忆力比他人好，而是他们更擅于去拆解知识，并通过整理和归纳，理出自己的知识系统脉络，等到需要用时，他们懂得到哪里去提取出对自己有用的资讯。相反，在课业或事业上表现较差的人，不一定不勤劳，他们可能只是没有学会拆解的能力。在一个舒适有序的环境，往往更有助于建设性和创意性的思考，不只是实体的空间需要整理，脑袋中的东西一样要整理。

有一次我与几位朋友讨论看一本书究竟要花多少时间，他们认为看书很重要，但真的太费时了，而且整本书看完都还不一定抓得到重点。我曾接过一本企业管理新书的推荐序邀约，出版社于当天中午发出邀约，并给了我一个月的时间。我用了多少时间？我在当天下班前就完成了一千字的推荐序寄给了出版社，而这篇推荐序也成功被该书用作主要的序文。

怎么做到的？我根本不需要把整本书看完，我只要好好看完摘要（因为摘要是整本书的核心观念），然后再好好地找出自己真正有兴趣和有感想的章节浏览，最后结合自己的经历和观点，就写出一篇有个人特色的推荐序了。

摇滚音乐家大卫·鲍伊曾说："我唯一会研究的艺术，是我可以偷学起来的那种。"

不管是看书还是写书，不要贪多，只需把有用的部分拆解出来就好。

7. 上色：随大流，最好的结果也不过是和别人一样

我有一位女性朋友，平常相当重视自己的外形，会定期做医美保养，让自己看起来更年轻。可是她也曾经因此闹过一些笑话。

有一天她在客厅看电视时，她老公忽然冷不丁地看着她的脸问了句话："你做了什么？为什么你脸上的表情，看起来跟电视上的某些女明星一模一样？"让她尴尬得不知如何回答。

原来，她去医美机构打肉毒杆菌，脸上的某些肌肉线条会显得比较紧绷，而大部分诊所采取的技术和注射的位置大同小异，顾客脸部肌肉线条紧绷的方式自然有些相似。她老公并不懂这些，只觉得老婆的脸变得说不上来的不自然，却又有种熟悉感，有点类似他平常在电视上看到的某些女明星。

虽然整个故事听起来像个笑话，却也说明了一个有趣

的道理：如果你做的事情跟其他人差不多，或者总在模仿其他人做的事情，你最终所能呈现出来的样子，其实也就跟你模仿的人差不多，不太容易玩出新意，也很难走出自己的路线。

涂上自己的色彩

"神偷力"中所谓的"上色"，就是在"拷贝"完他人的范本后，无论做什么事情，都一定要尝试着跳脱他人的范本，涂上一些自己的色彩。苹果公司的CEO库克曾说："你应该去书写自己的规则。如果你照着别人的公式走，最好的结果也不过是和别人一样。"

在孩子成长的过程中，"涂鸦"往往被视为相当重要的一个技能。涂鸦不但能培养孩子的想象力，让孩子脑袋中的创意得以呈现，情绪得以抒发，更能提高认知，建立美学概念。

孩子很小时，我们拿一张白纸让他们随意上色，他们可能会随意涂鸦，画不出什么像样的东西，最多画几个不规则的圈圈。但即使是这样，孩子一样可以画得不亦乐乎，在其中沉浸好长一段时间。

然而大人为了让孩子的"作品"更完整，给孩子们提供画有黑白线条的卡通图案，让孩子只要照着那些格子，把颜色涂上去即可。

有趣的是，孩子们第一次看见这些着色本时，可能会有一些新鲜感，但很快就嫌无聊，也很少有拿这些着色本画画的动力了。

我们明明提供了一个更接近完成品的范本给孩子，为什么他们画画的意愿和投入时间反而下降了？

很简单，对于拥有无限想象力的孩子而言，比起有所"限制"地照别人的范本涂鸦，还不如从无到有，随意涂鸦出自己的作品。因为当有了范本后，孩子唯一的任务，就只剩下将框框中的颜色补满，而且最好还不要画过线，这样就限制了更多的可能。

作家亨利·詹姆斯说："艺术家会出现在他创作的每一本书的每一页中，尽管他极力想从书中消除自己的影子。"

孩子被认为是最富有想象力的人群，正是因为他们了解和接受的规矩最少，一个好的"上色"过程，其实就是能够将脑海中的想象世界，想办法表现出来。

追求流行，还是定义流行？

我们把他人的东西"偷"过来后，要想把它变成自己的东西，有一个很重要的步骤，那就是加上自己的颜色。法国导演尚卢·高达曾说过："重点不是你从哪里取得点子，重点是要把它用在什么地方。"把自己过往的经验、故事、技术加到原有的素材中，就能成就拥有个人色彩的新作品。"上色"就是不要完全依循前人的做法，你必须有自己的想法和特色。

类似于乘法的概念，将他人的构想与自己的构想相乘后，创造出一个全然不同的东西。《教父》导演弗朗西斯·福特·科波拉曾说："我们想让你来偷学。希望你一开始先来'偷'，因为你还'偷'不走精髓，你只能拿走我们给你的，用你自己的方式呈现，那也就是你找到自己声音的方法，然后才能慢慢成为艺术家。然后有一天，别人就会来偷学你的东西。"

与其追求别人定义的流行，不如打造自己定义的流行。所谓"定义流行"，绝对不是乱搞一通特立独行，而是了解现有的范本之后，再找到一条适合自己的路线，将现有的范本，加上自己的色彩，创造自己独树一帜的流行。

8. 拼图：交叉运用多元领域的人，创造更多可能

我有一位朋友，从青春期开始就对写小说很有热情，只要一有点子和想法，就会立刻提笔写进随身携带的笔记本里。随着时间的积累，他的创意笔记本已经可以叠得老高，当中有不少有趣的"梗"。

三十岁后，他依然怀抱着出版小说的梦想，也很喜欢去参加大大小小的写作课程和社团活动，认识了不少志同道合的朋友。

然而，即使他一直在写作，也怀抱着出版小说的信念，但离完成自己的作品还有不小的差距。这是为什么？很简单，因为他离目标永远都差临门一脚。虽然累积了不少文字，却从未好好地整理、编辑，只是一堆堆零散的手稿。虽然有不少的好点子，却从未能好好串成完整的故事，只像是一个个零散的区块。

这就是他缺少了"拼图"的能力。就算"拷贝"了再

多资料，"拆解"了再多资讯，甚至也能"上色"（加上自己的色彩），但如果我们最后没有办法将之拼接组装，其实一样无法产生太多的价值。这最后的临门一脚，就是"拼图"力。

如我们所知，《哈利·波特》是全世界最畅销的小说。如果该书作者 J. K. 罗琳当初未将她脑海中充满创意的奇幻故事撰写成文字，编辑成册，再给出版社投稿，那么就不会有这部超级畅销书。

所以，作者投完稿就没事了吗？不，接下来还有的忙呢。

一本书需要历经编辑、润色、排版、打样、印刷、校对、装订，才能最终完成。但你以为这样就结束了吗？不，接下来还有营销、发行、书店推广、仓库管理等工作。换言之，所有的好作品，都需要"拼图"的功力，将原先萌芽的概念，通过个人或众人之力，将其转化成有具体价值的能力。

拼图力的培育

这个"拼图力"跟我们孩童时代玩拼图所需的能力，

有异曲同工之处。

拼图游戏被视为孩子相当重要且具有启蒙性的游戏之一，在拼图的过程中，需要耐心、专注力、思考力、逻辑力、空间力、创造力，缺一不可。

一开始，想从一堆零散的拼图中找到正确的图块并不容易，但这个过程中可以培养出相当重要的专注力和耐心。随着技巧的提升，能打造更有效率的头脑。此外，拼图有它自身的系统逻辑。一个专注的拼图过程，必须不断思考、判断和选择，这样可以高效培养独立思考力和逻辑力，在这个过程中，人们也能更直接地感受自己的喜好和专长。

再者，拼图是借由一小块一小块的"部分"，打造出最后的"全部"，这正是世上所有作品的组成基础。

跟拼图有点相似的另一个游戏是积木，这同样是培养孩子能力不可或缺的游戏之一。差别在于，拼图的目标是完成一个有标准答案的作品，积木的目标则是打造一个没有标准答案的作品。但两者同等重要。

通过不停地尝试、重建，让孩子的想象力和创造力随意发挥，这就是一种解决问题的能力。在未来最具有竞争力的人，一定是拥有较佳解决问题能力的人。拼图力，就是解决问题的能力，更是完成一个作品的能力。

当一个拥有多块拼图的人

人们过去普遍认为，能对世界有贡献的人，都应该是单一领域的"专家"。但后来人们却发现，不少的好点子，通常都是出自能够交叉运用多重领域知识的"拼图者"。

人们在面对问题时，总是习惯用自己最擅长的方法来处理，所以单一专业人才，就像是只拥有一块"大拼图"的人，变不出什么新把戏，只有单一的解题思路。

心理学家马斯洛曾说："对于只有一把锤子的人来说，他遇见的每样东西看起来都像一根钉子。"

反之，如果我们能交叉运用多重领域知识，那么我们就像是拥有许多块不同的"小拼图"。虽然看似每块都不同，但只要重新组合和连接，我们就有机会洞悉出更多系统性的问题，从而创造更多的可能。

知识是相对有限的，想象力才能构成更有效率的"拼图力"，创造更多可能。

爱因斯坦曾说："逻辑能让你从 A 到 B，想象力却能带你到任何地方。"

没有系统化能力，就无法将新资讯更好地结合

系统化"神偷力"：下载、安装、运用新资讯，"偷"过来加以改造，纳为己用

加法：在他人的基础上往上提升

减法：在他人的基础上往下删减

乘法：将两个相异的元素结合

除法：浓缩萃取最精华的部分

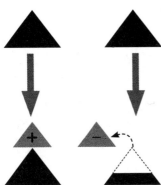

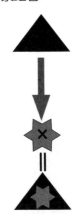

1. 系统：搜集、储存、整理、提取破碎的信息

记得我在念书时，教经济学的老师曾告诉我们，念商科的学生，只读教科书是不够的；教科书上教的，只是一些固有理论或案例，可能无法即时反映最新的状况。

于是老师要求我们多看看商业类的报纸杂志，并推荐了《商业周刊》和《经济日报》，鼓励学生们主动阅读。当天，我就将这些资料买回家了。

问题来了，当时的我，根本读不进去这些商业文章。一是没有看懂，二是没有一点兴趣。可以说是每一个字都看得懂，但就是没办法看懂作者到底想表达什么，仿佛就是一堆跟自己无关的文字拼凑在一起，就算耐着性子勉强读了半本，书本一合上，脑袋里竟然什么都没有留下，完全没有感觉，而且消化不了。

难道是我对商业文章没有天赋的理解力，以至吸收不了吗？似乎也不是。有趣的是，在经过了十多年后，我却

在学生时代完全看不懂的《商业周刊》上开专栏分享文章。

到底这十几年来，我有什么地方不同，是开窍了，还是这就是系统化后的能力呈现？

系统化的能力

所谓"系统化能力"，就像是一台性能卓越的最新电脑，出现任何想用的软件和文档时，都能迅速地下载、安装、运用。有了系统化的能力，就能够在新旧知识中做出连接和储存，把知识系统地存进自己的硬盘中。

没有系统化能力，就是一台已经濒临淘汰的老旧机种，出现任何想用的软件和文档时，因为系统不相容，总是会出现错误信号，无法读取正确信息，最后也不能正确地储存，只能将其丢进垃圾箱。

学生时代的我对学习没有兴趣，也没有真正接触到商业环境，就像是一台没有安装好的计算机，即便接触到一些商业知识，也会因为系统不相容而储存不进大脑。

后来念了本科、研究生，我学到的商业知识越来越多，踏入职场后，也接触到不少实际案例，那些过去完全看不懂的文章，才渐渐明白其中的含义。再加上商业写作习惯的培养，让我这套过去没有效率的旧系统有了升级的机会。

过去，我看一本商业书籍可能要读上半个月，还不一定能掌握到重点。现在，可能只要读上半个钟头，我就能掌握到不少为我所用的知识。

系统化的能力，就是将原本破碎的信息，通过搜集、整理和储存，能将其随时提取出来运用的本事。

过年时，亲朋好友们总爱聚在一起打打麻将，那些平常不太打麻将的，常摸一张牌要想很久，还不一定打得出正确的牌。反之，那些老手可能只需半秒就能决定手牌的去留。更厉害的老手就算没有看见上下家的牌，也能从他们曾经打过的牌，判断出每个人手中握的牌。

这是因为老手已经培养出了对麻将的系统力，不只能够在出牌时快速反应，更可以预测他人的牌理。

加法、减法、乘法、除法、借用、连接、联想

没有系统化的知识，就像是一根根独立的树枝，虽然存在却互不相连，也无法交叉运用；而系统化后的知识，则像是一棵开枝散叶的树，树枝虽然独立展开，却又存有同一根源，可互为引援，成为一个系统化的网络。

戴森公司的创始人詹姆斯·戴森曾说："创意就是创造没人设想过的事物，为从前无法解决的问题，提出过去不存在的解法。"

系统化能力最重要的功能，事实上并不是"输入"，而是"输出"。将系统化的资讯和知识做一个借用与连接就有机会创新。

乔布斯说："创新＝借用与连接。"

系统化后的运用，可以有很多种方法。

"加法"是在他人的基础上往上提升。

"减法"是从他人的基础上往下删减。

"乘法"是将他人的东西与另一物相结合，创造出全新的东西。

"除法"是将他人的东西浓缩，萃取出最精华的部分。

除此之外，还有诸如借用、连接、联想等，只要能够系统化，就有机会在他人的基础上，创造出新的价值。

2. 加法：学习别人手上的东西，然后往上加

假如你想开一家咖啡店，却没有相关的基础，你要怎样做？

加盟连锁品牌或许是一个不错的方法，但这样的做法不仅要付出高额的权利金，还必须受限于总公司的规矩。为了防止核心技术被学走，不少连锁品牌通常是一条龙帮加盟商服务好，加盟商仅仅能学到其商业模式的皮毛和一小部分的技术。

如果想要跳脱这种 SOP（标准操作程序）加盟模式，另外一种比较好的方法，就是找到一家自己喜欢而且经营成功的咖啡厅，想办法进去当学徒。然后从咖啡豆的选择、烘豆、煮咖啡、菜单设计、顾客服务、环境营造等环节，全面地去感受和学习。

事实上，世界上最成功的咖啡品牌"星巴克"的创始人，最初就是采用这样的方法进入咖啡厅领域的。

星巴克的创始人舒尔茨原先只是一个咖啡厅设备销售员，直到一次公司订单上一个特别的名字和销售额吸引了他的注意。一家位于西雅图的名为"星巴克"的咖啡厅，跟他们公司订购了大量的咖啡壶，订购的数量甚至比起大型的百货公司都多。这颇不寻常。好奇心旺盛的舒尔茨就想一探究竟，所以他去了西雅图。

当他走进这家咖啡厅时，立刻感受到他过去从未感受过的氛围，让他情不自禁地想要一直待在这个空间里。于是他回到纽约后，就毅然辞去了原本的销售员工作，进入这家咖啡厅工作。

学艺渐精后，舒尔茨带着从这间咖啡厅学到的所有本事，开创了一家属于自己的咖啡厅。他未曾忘本，新咖啡厅的所有原物料都来自星巴克咖啡厅。不仅如此，在烘豆和煮咖啡的技巧上，他也得到了原老板不少的指导。最后，舒尔茨更直接跟前老板买下了星巴克的经营权，在原有的基础上，将其打造成为全球最知名的咖啡厅品牌。

直接找到模仿目标，再往上加

想要在某领域快速上道，甚至赢过竞争对手，最直接的做法就是想办法将竞争对手的本事先学起来，好好地复制并模仿他人的东西，然后在这个基础上努力提升，加上一些新元素、新点子，做出更好的东西。

这样的案例在科技业也是屡见不鲜。现在已经是世界级品牌的韩国三星集团，过去只是一个三线品牌，不少零件还得跟其他厂商购买；后来开始下重金培养自己的研发团队，派人远赴日本向领先厂商"取经"，学习他们的制程技术和管理哲学；最终不但将不少的成功经验带回，还结合了自身的优势，突破了原先的技术门槛。如今，三星早已跳脱原先亦师亦敌的竞争对手的框架，走出了自己的路。

之后，随着智能手机 iPhone 的成功，iPhone 就成了三星接下来借鉴的对象。从产品技术、设计到营销思维，其实只要是值得借鉴的地方，都可以"偷取"并模仿，再从中去创造出原先没有的其他特点。

加法思维

数学世界中有许多数学符号和算式，加法可说是孩子们学习数学时首先学到的数学符号，也是最基本、最常使用的数学符号。它最符合人们的惯性思维，也是人们日常生活中最常用的运算方式。

加法是大部分的学校教育和职场教育中最基本的原则。比如我们一般都是先学得老师教授的和教科书上的基础知识后，再想办法往上加，强化进步的空间。

事实上，大部分竞争对手都会藏一手，不太愿意公开自己的核心竞争力，所以有的时候还要掌握一点"还原工程"的技术，去猜测并补齐可能遗漏的部分。而在整合的过程中，就有机会去加上自己的优势，打造出自身最强的竞争力。

成功没有什么大学问，找到值得学习的对象后，想办法先把别人手上的东西学起来，再在别人的基础上往上加。通过模仿和学习，让自己快速跟上领先群体，再结合自身优势，找机会超越领先群体。这就是一种加法思维，也是最直接的成功方式。

3. 减法：创新是专注于最重要的功能，对其他的说"NO"

过去，要想在商业上和竞争对手区别开来，最常见的是采用"加法"的思维。以理发店为例，就是推出指定设计师服务，精油洗发、护发疗程，甚至提供一些简单按摩或是热茶，希望通过"加法"服务，让自己从竞争者中脱颖而出。

因为我是男生，记得学生时代每次去剪头发，要剪的发型几乎一成不变，就是简单的修短。于是理发师一律用推剪，把两侧和后面整个推掉，再花一点点的时间稍微修剪一点，很快就被推去洗头了。理完发后我不用上胶，也不做造型，用吹风机吹干即可。就这样，也要花将近500新台币（约116元）。

和在同一家理发店消费的女性相比，我觉得自己所需要的服务根本不用那么多。那能不能提供少一点、便宜一点的服务呢？

要与竞争对手区别开来，只能用"加法"吗？回过头来想想，真的每个顾客都需要那么多的服务吗？其实从"减法"的角度去思考，也有很多的可能。

于是，有的理发厅开始不提供按摩、不提供茶水、不提供造型、不提供烫染，剪完头发后还得自己冲水、吹干头发，而这样的快剪可能只要100新台币（约23元），省下了客人的时间和金钱。

类似的思维到处存在，比如像自助餐、贩卖机点餐、回转寿司的餐饮模式，就精简了部分人力成本；饮料店如果自备杯子则提供环保折扣……这都是一种"减法"的思维。

不要只想着加什么，要想什么东西不需要

减法思维是一种逆向思维，当其他人还在想能加上什么东西时，我们却要反过来思考，到底还能够减掉什么？

毕加索就认为，所谓的创意有时候不是想着要增加些什么，而是要删减什么，点子需要聚焦简化。

知名家具品牌宜家家居就是一个相当懂得用减法来做生意的品牌。

过去，所有的卖场都雇了大量员工进行存货管理。为了节约仓储空间，也为了节省人事成本，宜家的创始人英格瓦·坎普拉德从20世纪50年代就开始将折叠家具、易携带的平整包装概念融入他的设计。与其找来大量店员为顾客找产品，不如将商品清楚地陈列给顾客，让客户自己找、自己取，再自己带回家。

　　为了更忠实地实践这套减法哲学，从产品设计阶段就得不断思考如何压低成本，而脱颖而出的提案往往就赢在一根木材或是一颗螺丝的差别上。这样的理念不但有效降低了成本，而且还激荡出不少好的设计创意。

　　有形的事物上要用减法，无形的信息也不可以放过。宜家采用统一的商品规格和定价，往往半年才调整一次，减少管理的需求，也减少顾客购买决策的信息过载。信息清楚透明，就少了做功课的时间和精力。

　　音乐创作者查尔斯·明格斯说："化简为繁，屡见不鲜；化繁为简，甚至于极简，才是创意。"减法做得好，管理、营销、设计、包装、仓储都能更有效率，从而获得更多的利润和更显著的绩效。

减法思维

减法思维就是一种精简思维。我们要不停地将无用且多余的部分去除或简化，如此才能看见重点，并专注在重要的东西上，把时间花在值得花的地方，找到有价值之处。

乔布斯曾说："创新不是对一切都说'YES'，而是保留最重要的功能，对其他的一切说'NO'。"

与其思考还有什么可以"加"，不如思考还有什么可以"减"。多多益善是人的天性思维，人们总是喜欢增加，不喜欢减少。但回过头来想想，人们真正需要的东西真的那么多吗？但也正因为多数人的惯性都是加法思维，所以减法思维反而更容易找到市场缺口。

科技始终来自人性。科技的进步，就是在减少人们的麻烦，减少人们选择的困扰，节省人们的时间，这也是减法思维的一种。

减法需要清晰的思路，想清楚需要什么东西，不需要什么东西，掌握重要的部分，拿掉鸡肋的部分。很多时候，创新不一定是加东西，而是有策略地减东西。

少些选择反而更能聚焦。我们要跳脱惯有的加法思维，找出那些没那么必要的部分，进而果断地拿掉他们，做一个减法思维者。

4. 乘法：将两个不相干的元素相结合，有机会创造新的东西

在这个时代想要白手起家，论资讯、论经验、论人脉，都比不过早已执业多年的前辈，再加上规模的不足，想要在初出茅庐之时就找到自己的方向和定位，实属不益。

在刚开始经营自己的事务所时，我发现多数的市场早已经饱和，成了一片"红海"，较有利润的市场缺额，已被占了先机。

即使如此，我也发现不少的初出茅庐者可以在已经相当拥挤的市场中闯出自己的一片天。这些人通常都有一个共同点：不会完全照着同行前辈的成长轨迹走。虽然一样都是经营财务或税务等相关业务，却懂得与自己其他的优势相结合，加入"乘法"的思维。

什么意思？

有人精于财务管理，于是在为客户编制财务报表之余，

同时成为顾客的管理顾问，为顾客提供管理方面的建议。有人精于资讯管理，自己写了简单易用的会计软件，提供给客户和同行使用以收取授权金。有人精于人脉管理，通过整合自己曾参加过的各大社团和课程，为自己找到了一群最佳推销员。有人天生就是个表演者，一站上舞台就能发光发热，还经营起自己的直播平台，通过直播分享自己的经验。而我默默地通过专栏写作，在同行中找到了区别化的定位。

换言之，如果你想切入的市场早已经是一片饱和的"红海"市场，就一定要为自己加入"乘法"思维，通过将不同领域的专业或兴趣相结合，找到一个最适合自己的方向和定位。

手机与汽车的烟花，就是乘法循环的产物

无论是手机还是汽车的发展史，都是一连串"乘法"思维的演进。

最早期的手机仅有通话功能，随着技术的进步，开始

有人把手机和音乐相结合，有了音乐手机。再随着技术的进步，有人开始把手机和相机结合在一起，有了照相手机。之后又有人把手机和游戏机相结合，手机开始有了丰富的游戏选择。随着近代工业技术的进步，人们更是成功地把电脑的功能都搬进了手机里，让人类进入到人手一机的智能手机时代。

汽车的演进亦然。最早约公元前 2000 年，人们开始把马和有轮子的车结合在一起，进入到马车的时代。直到将近 20 世纪，人们才开始试着结合蒸汽和车，尝试着寻找新的动力。之后，奔驰的创始人卡尔·本茨于 1886 年成功把车和引擎结合在一起，生产出第一辆汽车。

汽车的生产效率一直无法提升，直到 1908 年，福特汽车的创始人亨利·福特把原先用在猪肉屠宰场的流水线生产与汽车生产相结合，汽车才得以量产，进入大众市场。

随着科技的进步，电力与车结合成了电动车，无人电脑与车结合成了无人汽车。

发现了吗？其实绝大部分的构想和创新，就是在玩一种“乘法”的游戏。把两个原先不相干的元素相结合，就有机会创造出新的东西。其中最重要的一个思维，就是不要拘泥于过去所习惯的框架和方式。

福特曾说："假如我当初问顾客他们想要什么，他们只会告诉我'要一匹更快的马'。"

乘法思维

1912 年，奥地利政治经济学家约瑟夫·阿洛伊斯·熊彼特提出了"破坏性创新"的概念。意思是创新就是将原先的生产要素，采用全新的方式重新组合或排列，以提高效率或降低成本的一种经济过程。

因此，创新可概分为两种：

一种是"加法"的创新。比如各大厂商每年发布的最新款手机，或许是相机画质的提升，或许是荧幕尺寸的提升，又或许是处理器或芯片的提升，虽然每年都有进步，但还算是在相同组合要素前提下的提升，仅能算是改良性的创新。

另一种则是"乘法"的创新。比如从过去仅有通话功能的手机，发展出音乐手机、照相手机、游戏手机、智能手机等，这就属于破坏性的创新，是一种"乘法"的创新。

创新思维有时很简单，将两个完全不同领域的思维相结合，就有机会找到新意。

5. 除法：把纷繁的知识和资讯浓缩成简单易懂的东西

　　这是一个知识经济的时代，不少名人也都曾经说过，阅读和知识经济是自己最重要的竞争力来源。

　　比尔·盖茨每年都会不吝啬地分享自己的推荐书单。特斯拉汽车首席执行官埃隆·马斯克曾说，他的企业能够成功打造火箭，得归功于他一直以来培养的阅读习惯。巴菲特也曾表示，每天阅读 500 页，你会发现知识是如何起作用的，它的威力就像是复利。然而回过头来想想，人人都知道知识经济的重要性，但想要有效率地吸收知识和资讯，似乎也不是一件简单的事。于是为了更有效地创造知识经济，读书会成了不少书籍爱好者获取知识的方式。一来能快速接触整理过后的书单，二来也通过人与人之间的互动，让书本中的知识得以活用。后来，伴随着网络经济的兴起，"说书"市场出现了。说书人对书中的知识进行浓缩概括，让原本可能要花上数天才看得完的书，在不到一个小时的时间里传进听众的耳朵里。正因为知识有价，才创造出可观的商业价值。

无论是读书会上的交流，还是网络说书人的分享，都是一种"除法"思维的运用。把原先庞大不易吸收的知识和资讯，通过某些方法浓缩后来萃取重点，帮助参与者能更快地获取自己想要的信息。除法思维用得好，就能帮助人们更简单地达到自己的目标。

英国最大的保险组织，源自一家咖啡厅。1666 年，英国伦敦发生了城市大火，大半个城市被毁。然而，这场大火也带动了城市的内需，随着资产阶级革命，航运获得快速发展。

1688 年，一位名为爱德华·劳埃德的商人在泰晤士河畔开了一家咖啡厅。由于位置邻近航海业的各大机关，这家咖啡厅很自然地成了不少航海业商人、船东、船长、银行和保险业者闲聚交心、交换资讯的地方。

他看见了知识经济的可靠，更看见航海资讯的可贵，认为这可能会是一个很大的商机。于是他开始搜集知识和资讯并进行整理，在自己的咖啡厅中分享给这些客人。

当时的船长和船员多数为东印度公司工作，通常须长时间在海上漂泊，而多数的船长其实不太懂得去衡量风险，更不清楚保险的价值。劳埃德看见了他们的需求，于是开始为这些人提供船舶航程和费率的制定建议，并通过分析他们可能遇到的风险的高低和概率，提供量化的保险资讯。再通过经常性地举办货物招标、拍卖等活动，以及定期出版相关的新闻和刊物，提供许多重要的船运和保险资讯。

劳埃德让自己经营的这家咖啡厅，成了不少航海商人、保险、银行业者洽谈保险和商务活动最重要的场所。

之后随着保险逐渐制度化，保险标的越来越透明，投保人可以在承保合约上清楚注明船舶编号、货物清单、投保范围和金额等，奠定了海上保险相当重要的基础。劳埃德则成为所有航海相关业者争相结交的贵人。

后来，这家咖啡厅经过数百年，发展成了今天英国最大的保险组织——英国劳埃德保险公司。他们做的只有一件事，就是不停地整理并浓缩所有有用的知识和资讯。帮助人们更有效率地得到这些知识和资讯。这就是一种除法的概念。

除法思维

除法思维的价值并不鲜见，在网络尚未普及的时代，我们需要任何资讯，可能都需要在图书馆中找上一整天，或需要实地去查访、询问，而且还不一定能找到我们所需要的资讯。

然而随着网络经济的到来，这个问题得到了解决。谷歌创始人拉里·佩奇有感于网络资讯虽丰富，却不易寻找，于是他想到了一个自制的排序法，成功将网络世界的内容保存起来，就像编制了一个网络世界的地图一样，能帮助人们快速找到他们所需要的资讯。最后这套系统成了全世界最大的搜寻引擎——谷歌。

回过头来想，这些资讯都不是谷歌自己产出的，系统只负责连接和"带路"，就将原先庞大不易取得的各种资讯，囊括在自己的搜寻引擎和资料库中，创造了巨大的商业价值。

把原先庞大的知识或资讯，用最简易的方式带给人们，并由此成就新的事业。这就是一种除法思维。

6. 借用: 与其自己无中生有,不如想想要去谁家"借"

有位朋友曾经问我："你的文章经常会出现许多名人与名言,到底你是怎么那么恰巧,可以在写完文章后,找到刚好适用的名人名言来帮你站台?"

事实上正好相反,很多时候我并非完成文章后,恰巧找到合用的名人名言,而是看到了某些名人提出的名言和观点后,觉得很有启发性,才反过来借用,将这些名言和自己的故事相结合,写出一篇文章。

所谓的名人名言,通常都具有一定的代表性和启发性。反过来思考,如果能够好好参透每一句名言背后的含义,就像是看完一本好书,得到的启发不亚于一本内容厚重的书。而借用名人名言的另一个作用,就是借用他们的名声来为自己的观点背书。

有趣的是,虽然不少好观点前人都已经提过了,但只要能"偷"或"借",成功融入自己的作品为自己所用,就有机会激荡出自己的观点。

法国名作家安德烈·纪德曾说："该说的话都已经被说过，但是因为没人在听，所以还得全部再说一遍。"

三国时期的知名军师诸葛亮，曾经因为周瑜的妒忌，被要求在十天内造好十万支箭。

诸葛亮深知这十万支箭根本不可能十天内造出，于是他借来二十艘船，带上千余个草人，于大雾漫天之时驱船进入敌军曹营，再将草船一字排开，擂鼓呐喊。结果敌营投鼠忌器，不敢冒进，于是让弓弩手朝他们射箭，恰好这些箭都落在了准备好的草人身上，最后全数被诸葛亮借了回去。如此，诸葛亮才完成这个几乎不可能的造箭任务。

其实自古能有所成就之人，都很擅于借用他人的东西，来成就自己的目标。

借用他人的商业模型和产品，来成就自己

直销品牌安利的创始人杰·温安洛和理查·狄维士从高中时代就认识。杰当时从他老爸手中得到了一部老爷车，

尴尬的是他没有多余的零用钱来为这部车加油，同一所高中的理查却恰巧相反，他缺少的是上学的交通工具。于是两人一个出车，一个出加油钱，一拍即合，从此开始有了联手创业的想法。

他们经营过飞行学校，开过汉堡店，也曾买过一艘多桅式帆船，一起去加勒比海航行，还在全世界各地的陆海空中冒险，回到家乡后再向人们述说他们的故事，在这个过程中逐步培养起他们的口才和说故事的能力。

在一个偶然的契机下，他们接触了一家名为"纽崔莱"的直销公司，并深深为其商业模式所吸引。他们立刻以49美元的代价买到了产品目录和产品，成为直销商，并迅速在短短几年内成为公司中最成功的直销商。

后来，他们借用这套商业模式和产品线，在家中的地下室创建了安利公司。商业模式是借用别人的，最初的产品更是直接从别人家拿的。尽管如此，凭借着两人杰出的经营能力，经过数十年后，安利已成为全世界知名直销商。

借用

除了商业模型之外，其实不少品牌在命名之初，也借用了名称的文化含义。

提到冰激凌品牌，很多人第一个想到的都是哈根达斯。有趣的是，"哈根达斯"这个词本身没有明确的意思，这是借鉴了丹麦语的一个生造词。所以哈根达斯是丹麦品牌？

不，其实它是一个道地的美国品牌。该公司的创始人马斯特当初借用丹麦文来为品牌命名，一来出自自己对于丹麦的感情，二来出自对市场的考量，借着充满欧洲风味的品牌名，搭配上标榜"不加防腐剂"的品牌定位，让这个品牌成功引起纽约人的兴趣，最后发展成世界级的品牌。

不难发现，所有成功的人，都能勇于去借用他人的元素来为自己做形象管理。借用他人的资源，连接自己的东西，以此完成自己的目的。想成功，与其想着自己无中生有，不如好好想想要去谁家"借"。

7. 连接：积累社会资本，连接每个人，能带来绝佳机遇

　　金庸小说《鹿鼎记》的主角韦小宝，是当代所有著名的武侠小说中，唯一一个完全没有武功的主角。然而在以武功高低决定江湖影响力的武侠世界中，韦小宝不用一点武功，就拥有了极大的影响力。因为他拥有的是连接力，比起武艺精湛，这个连接力具有更大的威力。

　　韦小宝自小在妓院长大，目不识丁，武艺不精，但却充满着机智与小聪明。他因缘之下进了皇宫冒充太监，成了康熙皇帝的心腹，他帮助康熙擒杀鳌拜，成了宫中的大红人。后来，又成了天地会总舵主陈近南的徒弟，变成青木堂香主；还获得了神龙教教主洪安通的信任，成了神龙教白龙使。

　　韦小宝凭借着他的机智，每次遇险都能化险为夷，周旋于多方势力并结交多方大人物。正因为如此，他一个人，

几乎连接了朝廷、江湖、宗教。

回过头来看，目不识丁又武艺不精的韦小宝，为什么会有如此大的能力呢？答案就是他拥有"连接力"。而这种连接力，可以用在人与人、事情与事情、物品与物品之间，只要能够创造价值，就是一种好用的连接力。

在人与人、商品与商品中找到连接

业务工作需要商业机会的引荐，在商场上，连接力的高低，有时候就决定了一家公司商业力的高低。

1985年，从事商业资讯工作的伊万·米斯纳为了增加被引荐的机会，找来一群志同道合、行业不同的朋友，并承诺开始为彼此引荐业务。

为了保护彼此的产业，消弭内部竞争，一开始就规定一个行业只能有一个人加入。然而问题来了，当时有一位女士很想加入，但因为业务重叠，因而被排除在外，这无疑成为组织发展的一个阻碍。

于是他们想到一个方法，就是既然这个组织的各行各业已经有了，不如就成立一个新的分会，重新凝聚各行各业的商务人士。

通过这一次的契机，伊万发现原来有"连接"需求的人那么多，于是他通过持续的研究和修正，在 1985 年创立了 BNI（世界商讯），通过特许经营的商业模式，来为各分会的会员提供引荐机会。

事实上，伊万根本不用提供任何商业资源，他只提供了一个平台，就能连接各行各业的业务机会，这样的一个连接动作，就带来了巨大的商业利益。

连接

过去，如果我们想吃一顿美食，可能得亲自搭乘交通工具，花上不少时间，才可以找到一家美食餐厅；现在，随着不少美食外卖平台的出现，我们已经可以在家中享受点餐服务。

有趣的是，外卖平台本身并不卖餐点，他们只是提供了餐厅和食客的连接。

过去，如果我们想买一样东西，可能得花上不少时间亲自跑一趟商店，才能买到想要的商品；现在，随着不少网络卖场和拍卖平台的出现，我们只要在电脑前动动手指头，就能享受购物的乐趣。

拍卖网站本身并不卖商品，他们只是提供了卖家和买家的连接。

过去，我们想要知道老朋友的近况，可能得不时约三五好友出来吃个饭聊聊天；随着社群网站的兴起，如今我们只要在社交网站看看页面，就能看见老朋友的近况。

社群网站本身并不提供讯息，他们只提供人与人之间的连接。即使他们根本没真正提供什么实体的商品，却创造了比实体商品更大的价值，这就是一种连接经济。跳脱过去工业时代追求实体产品品质的框架，如今最有价值的东西，反而是连接力。

只要能够连接人与人、商品与商品、讯息与讯息，就能积累社会资本，让每个人都能参与其中，带来巨大的商业价值。

8. 联想：顾客购买的不是产品本身，是产品带来的感觉

每个学校总会安排不少活动，让刚入学的大一新生交流认识，这是一个结识其他科系异性学生的机会，其中一种普遍的活动叫"抽学伴"。

抽学伴，顾名思义就是用抽签的方式，去寻找其他科系班上能够一起学习的伴。由于这样的活动很容易流于形式，因此经常变成在瞎忙，多数学伴之间鲜少互动，甚至根本没碰过面。

某大学一个男生较多的工科班级里，班干部好不容易找到了女生较多的商学院来进行抽学伴的活动，但回到班上时，班上学生却显得意兴阑珊，连签都不想抽，因为依照过去的经验，这活动根本没搞头。

但已经跟对方的班级约定好了，该怎么办？最后，这位班干部想到了一个鬼点子，他在抽学伴的活动纸上，加

上一些自己瞎掰的备注形容词，提供给班上男生一些想象画面。于是，诸如"可爱""丰满""有气质""活泼""运动型""傻大姐"等形容词就一一冒了出来。更具体一点的，连"新垣结衣""全智贤"等明星的名字也出现在抽学伴的活动纸上。

没有这些形容词还没感觉，有了这些形容词，整个抽学伴活动仿佛有了鲜明的画面感，班上的男生开始兴奋起来，还起哄讨论。

还有两个男生因为认真过了头，为了争抢"新垣结衣"，差点吵了起来，好不容易才达成协议，决定来一场公平的竞争，胜利者就是"新垣结衣"的学伴。

然而就在大家疯了一阵后，越讨论越觉得不对劲，这些在备注栏上的形容词，到底是由谁决定的？总不会是女生班的自我介绍吧？

于是，这场闹剧的始作俑者，最后还是被班上的男生看破了。但不可否认的是，这项活动因为这些瞎掰出来的备注形容词，有了话题和画面，让所有人都更投入了。

耐克与乔丹

男学生都如此肤浅吗？这倒也不是，只不过比起一成不变的活动，人们都会更喜欢去参与有话题又有画面感的，即使不一定真有如此高的期待，但就是更有参与感了。

正因为通过鲜明的明星或某些词汇的印象，来为品牌或产品代言，往往能收到立竿见影的效果，所以一直深受营销界热爱。一个产品如果能够找到一位合适的代言人，就像是一帖特效药，能快速塑造出鲜明的定位和形象，让人们产生一种投射心态，快速产生认同感。

1984年以前，运动品牌耐克只不过是一个名不见经传的小品牌，直到他们找到迈克尔·乔丹来代言。从此，耐克才由原先体育用品市场中的小厂商，摇身一变成了今天的品牌巨人。

这种通过明星球员为商品代言的商业模式，从此成为耐克公司的商业传统，更成为所有竞争者争相模仿的策略。

一种是找到了代言人后，再为其量身定做产品；一种则是产品设计出来后，再为产品找到最合适的代言人。这是借由不同的定位达到不同的代言效果。

一个好的代言人选择，往往能找到过去不曾被发现的市场需求，就像耐克找到乔丹之前，球鞋可能只有实用性，但在乔丹代言之后，球鞋从此成为"收藏品"。

代言与联想

代言人一定能百分之百代表产品吗？那可不一定，但在人们的心中，有产品就必然有代言人，而代言人有时候还未必要花重金聘请。

在营销的思维中，顾客买的通常不是产品本身，而是产品带来的感觉，一旦产品本身没有强大的吸引力，就必须试着通过人人都熟知的明星和意象来"代言"。

这也是为何在这个信息爆炸的网络时代，能抓住消费者眼球的代言人，永远是企业最想合作的对象。人要衣装，商品要包装。因为营销卖的不是产品，而是感觉，找适当的代言人投射，有时能让事情更加顺利。

"神偷"思考

打破有标准答案的思考习惯

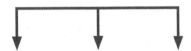

独立思考	逆向思考	换位思考
不盲从教条，通过搜集、探索、分析、选择等策略找到自己的答案。	不局限于传统习惯的思维路线，试着从反方向来找答案。	跳脱原先僵化的角度，从他人的立场或其他角度来分析问题。

观点 E　　观点 A

观点 D　　观点 B

观点 C

自己的观点

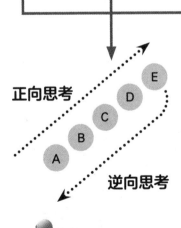

正向思考

A　B　C　D　E

逆向思考

点

线　面

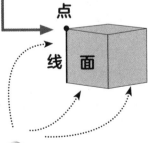

用多元角度分析问题

1. 思维：跳出思维的框

金庸小说《倚天屠龙记》中，张三丰曾临危授课，把太极的武学精要传授给张无忌。张三丰说："只重其意，不重其招，你忘记所有招式，就练成了。"

我曾将这个电影片段分享给学生们，并且告诉他们："这个时代最好用的竞争力，就是如张三丰所言的'重其意，不重其招'。学校教的东西只能当成参考，能忘掉课本框架你才派得上用场，所以走出校园后，记得把学校教的东西还给老师。"

有的学生一脸狐疑说："你在说什么呀，武侠小说岂能和现实世界混为一谈？这不科学啊！"

科学？爱因斯坦讲科学吧？爱因斯坦曾说："教育，就是当一个人把在学校所学都忘光之后剩下的东西。"

武学泰斗张三丰，科学巨匠爱因斯坦，有没有一种英雄所见略同的感觉？

读书是为了忘记

有位学生却说："既然在学校所学，最后都是要忘记，那我读书干什么？"

很简单，就是为了要忘记啊！

毕加索曾说："要先弄懂规则，你才能知道如何打破规则。"

如果不多看一些东西来去粗存精，那么会连大脑的筛选机制都用不上。参考他人的东西是进步最快的方法，但不要局限在他人制定的游戏规则里。我们要留下有用的，化为自己的血肉。

在知识经济的时代，课本上有的，网络上找得到的东西，都不容易成为独家竞争力，所以建议不要花太多时间记忆标准答案，重复背那些注定要忘掉的东西。过去，我们说"书到用时方恨少"，但现在是网络经济时代，书要用时找得到就好。

在数位时代里，我们不能把课本都背下来，而要在遇到问题时，知道去哪里找答案。

习惯性地打破 SOP[①]

一次，我参加一场企业的招标活动，这场活动的参加者主要是相关行业的厂商和来宾。不少人的简报里，都花了相当大的篇幅复制一堆标准又专业的文献资料，之后还很认真地做了 SWOT[②] 分析，把优势、劣势、机会、威胁套进简报里。

但多数的简报看起来都大同小异，都太标准了，要找碴儿的话是找不到，但要找卖点，还真没卖点。观众不是读不进去，就是对这些简报无感。而这个，不就是我们在学校报告时所学的标准 SOP 吗？

然而这里头有一个厂商老板，可能因为公司里没人念过 MBA，他们的简报从头到尾都没有放入我们所熟知的管理理论，没有"SWOT"，没有"五力分析"，连最基本

①　SOP：标准作业程序，指将某件事的标准操作步骤和要求以统一的格式描述出来，用于指导和规范日常工作。
②　SWOT：基于内外部竞争环境的态势分析。S（strength）是优势，W（weakness）是劣势，O（opportunities）是机会，T（threats）是威胁。

的"4P"都没有，只是以照片说故事，介绍他的创意。

照片和故事分享让所有来宾都记住了这位老板。先不管最后这家公司是否中标，但他无疑成了现场最多人记得，也最想要跟他交换名片的一位老板。

"神偷"思维

在学校，评估一个学生的学习成果得看分数，而想要拿高分，要么得会背，要么得会套公式解题。背的是别人知道的东西，套的是别人发明的公式，但这些技巧在离开学校后，非但不一定有用，还有可能限制思考的弹性，局限创意的可能。

为什么贵人多忘事？因为能创造价值的"贵人"，其实不太能记住标准的框架，他们把脑袋放在思考有价值的事物上，所以贵人多忘事。但忘的都是无关紧要的事，他们将有限的精力聚焦在重要的事情上。这就是一种思考优化的习惯，将脑袋有限的记忆体，只用来思考重要的课题。

我们不难发现，历史中很多在各自领域高人一等的人物，在生活上都表现得像个"白痴"，正因为他们不愿意浪费太多的记忆体，拿来储存每个人都知道的常识。

　　要独立思考，别被世俗的教条所惑。

　　要逆向思考，别被固定的方向所惑。

　　要换位思考，别被过去的习惯所惑。

　　要带着问题思考，别被眼前的问题所惑。

　　要培养"神偷力"，就要像"神偷"一样思考，"偷"过来的东西要想办法让它面目全非，才是成功的"偷窃"过程。

2. 独立：要思考的不是他人的标准答案，而是属于自己的答案

林老板在大街上卖伞。一把伞的进货成本是 20 元，售价为 50 元。一位路人买了一把伞，给了张百元大钞。林老板把伞给了客人，还找了他 50 元。最后，林老板发现收到的 100 元竟然是假钞。那么林老板损失多少？你的答案是什么？

这是我之前在学校与学生们分享的问题，原意是为了说明会计成本和经济成本的不同。我请学生们就这个问题各抒己见。有趣的是，大家七嘴八舌，想到了很多我之前从未想到过、却十分有道理的答案。

多数学生的答案为 70 元，认为卖这把伞赚了 30 元，假钞赔了 100 元，赚和赔相加减之后，损失应该就是 70 元。

少数学生认为卖这把伞赚的 30 元，尚有存货、通路、时间和服务等成本付出，才有这微薄的利润，并非无偿所得，

不该被作为假钞损失的减项，答案应该纯粹是假钞损失的100元。

一位重视自己情绪成本的学生则认为，损失应该超过100元，因为除了这张伪钞的损失外，拿到伪钞后一定一整天心情都会很"丧"，而情绪成本足以影响到一整天的工作质量，更可能需要花大钱去吃大餐来缓解压力，这些成本当然要计入。

一位家里做生意的学生却认为，损失应该小于70元，因为做生意最重要的就是经验和教训，仅仅花了一点小钱就得到这么宝贵的机会教育，从此开始重视风险管理，不是很划算吗？

从会计学角度来看，答案可能是70元；从经济学角度来看，答案可能是100元；从心理学角度来看，答案可以是非常大；从管理学观点来看，答案可以是非常小。

那么，正确答案是什么？还是根本没有标准答案？又或者说，你的答案，其实就是标准答案？一个看似单纯的问题，从不同的角度看问题，就有完全不同的答案。事实上只要够有逻辑，这些应该都是标准答案。

我的答案才是标准答案？

下课后，一位学生来找我确认"正确答案"。他认为自己所认为的 70 元才是对的，其他像是情绪成本的计入，又或是花钱买经验的想法，都不该是标准答案。

果真如此吗？

我们从小到大所受到的教育告诉我们，一个题目往往只存在一个标准答案，但这却增加了两个局限性。

第一个局限，人们从此少了些创意，只会寻找正确答案，没了自己的想法。

第二个局限，人们有了自己的答案后，似乎就不再容易接纳别人的答案了。

人与人之间的纷纷扰扰，很多时候正是起因于这些被局限的正确答案，如此着实可惜。或许我们该培养的习惯，不是去寻找标准答案，而是试着分析完问题后，找出属于自己的答案，再仔细去聆听别人的想法。如果别人的答案不合己意，也不用急着去争辩，因为有时候答案并无好坏，只是差在思考方向不同。

最后我还是只能告诉这位学生："你的答案就是标准答案，但是他人的答案，也是标准答案，不过是每个人思考的角度不同罢了。"

独立思考力

一样的问题，若能从不同专业领域的角度来看，就能找到不同观点的答案，就连看似应该要有标准答案的数学题，都可能有多元解，更何况是其他更多元复杂的问题。为了不成为一个盲从的人，拥有独立思考力的能力，就显得更加重要。

乔布斯曾说："不要被教条所惑，盲从教条等于活在别人的思考中；不要让他人的噪音压过自己的心声。"

独立思考就是学会自己去推理问题并找出自己的答案，把已知的资讯加以组织整合，再通过搜集、探索、分析、选择策略，找出最适合的方法和途径，得出自己的答案。

常常听人说，"不听老人言，吃亏在眼前。"这句话在日新月异、资讯爆炸的时代可能不适用。一来，他人的答案不一定适合我们；二来，这个方法过去就算合用，也不一定适用于未来。如果我们总是采用他人的教条来作为自己唯一的方向，可能会经常碰得一鼻子灰。

巴菲特说："我们不读其他人的意见，我们要的是事实，然后思考。"

不要被过去认定的事实所影响。我们也许不一定改变得了事实，但只要切入的观点不同，最后的答案就会有所不同。面对一个问题，该思考的不应该是他人的标准答案，而是专属于自己的独立答案。

3. 逆向：从反方向寻找答案

卖伞的林老板在4月时另租了几个摊位，起初生意不太好，请了陈经理来帮忙，6月开始有了不错的利润，陈经理主张趁势扩张，林老板却说8月后要缩减规模。林老板为什么这样考量，你的答案是什么？

这是我和学生们分享的另一个议题。大伙儿纷纷开始扮演林老板的角色，从各种方向来为问题把脉，也理出不少颇具道理的答案来。

"摊位有租金、管理和薪资成本，利润其实可能没那么好。"

"企业最重要的资源是人，陈经理有了些成绩，开始翘尾巴了。"

"雨伞卖得太好，缺货，没货可以卖了。"

"分店扩张太快可能会吃掉总店的市场，出现恶性竞争。"

"房东看林老板生意太好，想要涨租金了。"

"林老板中了六合彩，没有那么强烈的赚钱欲望了。"

……

有人从成本层面思考，有人从人事层面思考，有人从库存层面思考，有人从市场层面思考，有人认为房东可能想涨租金，有人单纯在胡诌抬杠……

同样的问题，依据每个人过去的经验和所学，就会衍生出完全不同的观点和答案。其实所有的想法，都是可能会发生的答案选项，也有不少的参考价值。

然而若是仔细想想，就会发现多数人所想出的答案，多是以经营者的供给层面为出发点，却少了些顾客的需求层面的观点。

亚马逊 CEO 杰夫·贝索斯每次开会时，都会放上一张空椅子，代表着顾客的角色，让每位与会者试着去发想，顾客看见的是什么？

因为有些好答案，要从顾客角度才能看得更清楚。

试着从需求者的角度思考

从供给者的角色来看，成本、人力、库存、营销都会是相当重要的课题，也是每一位经营者都要面对的。那么对于顾客而言，他们看到的是什么？

顾客为什么买伞？遮阳、挡雨。

顾客何时会买伞？烈日炎炎之时，雨水纷纷之时。

何时有烈日雨季？在台湾地区，烈日多出现在四到八月，雨季为五到九月。

发现了吗？如此简单的推论，可能正是林老板最主要的考量。

对季节要求严格的雨伞产业，是要看老天爷吃饭的。正所谓"谋事在人，成事在天"，老天爷不给烈日和雨水的季节，就算成本管控得再紧，管理和营销做得再好，可能都不是雨伞大卖的时机。市场需求少了，就不适合扩大经营，反而应暂时缩小经营规模。

有趣的是，这个看似基本的答案，却很少有人能联想到。

人们的思维本来就有方向性，会受到过去的经验和习惯影响，且容易顺着问题的脉络主观地思考问题，因此常常会存在盲点。如果我们只从供给者的角度来思考问题，有些答案可能永远都找不到。

如果能够逆向思考做好角色扮演，试着从他人或相反的立场来想事情，有时就能看见一些盲点，找出不少的好答案。

一个成功的导演，一定要能站在不同的角色立场去看事情。戏里如此，戏外亦是如此。

逆向思考力

这种跳脱供给者观点的角度，从需求者方面来思考的能力，就是一种逆向思考力。

逆向思考力，就是不局限于传统习惯的思维路线，试着从反方向来找答案。人们的思维习惯是有方向性的，而在大部分情况下，人们都会习惯顺着一定的方向来想事情。就像如果我们不了解雨伞的市场，在思考如何营销时，通常只会顺着自己有限的资讯和思考习惯来找答案。

正向思考，通常是指符合多数人习惯的常规思考，而逆向思考则是对于惯例和常识的反思与挑战，试着打破原先僵化的思维方向。虽然正向思考通常可以解决大部分的问题，但是易让人陷入思维盲区。真正的答案往往藏在逆向思考中。

逆向思考绝对不是为反对而反对或时时刻刻都是反对方，它仅仅是一种思考习惯，是为了提供更多的思考可能。

人是群体动物，常常因陷入群体迷思而从众，顺着大众习惯的思考路线前进，然而如果只懂得追随他人的思考方向，就容易在思考方面怠惰，没了自己的思考轨迹。不如偶尔摆脱大众思维，从反方向去找答案。

不要只顺着自己的情绪和习惯前进，要逆向思考，才能带来更多的可能。

4. 换位：别急着从自己的角度下定论，站在别人的角度思考

一家中小企业办公室的饮水机，是容量很小、需要到补水站搬水回来的旧式机种，不但添水不便，夏天还没有凉水可喝。如果你是办公室员工，究竟该如何才能说服勤俭的老板，换台新式的机种？

这是一个真实案例。对于办公室的同人而言，有个新型又方便的饮水机，将能带来不少的便利性；然而对于勤俭的老板而言，旧饮水机明明还能用，哪有换的必要？

于是为了能够说服老板，办公室的同事们都在有意无意间，用自己的说法向老板透露出想换饮水机的念头。

第一位同事说："老板，饮水机不好用，没有凉水喝，添水又不方便。"

老板认为这位同事只是一个爱抱怨的人，不当一回事。

第二位同事说："老板，饮水机该换了，现在新出来的

饮水机还不错。"

老板认为这位同事是能明确说出诉求的人，但一来饮水机还能用，二来也懒得做功课找资讯，就先搁下了。

第三位同事说："老板，饮水机 X 牌在搞特价、 Y 牌使用方便、 Z 牌诉求健康。"

老板认为这位同事是能搜集并分析资料的人，且有了选择，似乎倒也可考虑换一台。但天性节俭的老板最后想了想，还是能省则省吧。

第四位同事看出了老板对省钱的坚持和重视，于是过了几天后，不经意地与老板说："哎呀，这饮水机容量小、耗能大，一天要煮沸好几次，听说这种旧机型一个月的电费比新的贵好几百元。"

"贵好几百元？"

对勤俭的老板而言，添水不便或是没有凉水都不是问题，但如果有机会每个月省下一些营业用电，似乎就是个值得思考的问题，于是他随手拿起了第三位同事搜集好的资料，仔细研究了起来。

思考的点、线、面

一般而言，说话要产生影响力，能提出方向者优于只能点出问题者；既能搜集资料又能提出分析者，优于仅能提出方向者；而能针对目标对象设计对话内容者，又更容易引导问题方向并达到目的。

其实这有点像是几何学中点、线、面的概念，点构成线，线构成面，面构成一个立体。有人看问题只看到一个点，有人能找到一条线，有人能分析整个面，有人则能一体多面地从他人观点来思考问题。看见和考量得越多的人，说出口的话往往越具影响力。

第一位同事点出问题"饮水机不好用"，这是"点"的概念。

第二位同事提出路线"饮水机该换了"，这是"线"的概念。

第三位同事全面分析"各厂牌优缺点"，这是"面"的概念。

第四位同事换位思考，这是"一体多面"的概念。

能够站在目标对象的角度思考事情的人，最容易引起对方共鸣。因为问题通常是一体多面的，站在自己角度看到的问题，跟别人的往往不一样，自然不容易面面俱到形成共识，达到想要的目的了。

要一头牛听话，不能弹琴给它听，而要顺着它的毛摸。要一位老板听话，不能抱怨给他听，而是要顺着他的性子走。

换位思考力

聪明的思考者与懒惰的思考者最大的不同，正是思考习惯的不同。聪明者愿意试着在他人的视角来思考问题，而怠惰者永远只站在自己的视角来质疑问题。

每一个人都是独立的个体，都有各自的经历和习惯，也会有不同的立场和见解。所谓的换位思考力，就是能够从他人的角度来分析问题，跳脱原先僵化的无谓坚持，并试着从中找到可能有用的资讯，进而加以运用来解决问题。

换位思考力能运用在各个地方，从人际关系的建立、谈判策略的拟定、企业组织的管理、目标顾客的营销，只要是想成事者，都需要换位思考的能力。如此才能培养良好的人际关系、精准的谈判策略、有效的管理和营销。

企业家亨利·福特曾说："成功的秘诀，在于把自己的脚放入他人的鞋子里，从他人的角度来考虑事物。"

遇到问题时，别急着从自己的角度下定论，要试着进入他人的角色中，掌握他人的思考模式和行为脉络。如果这样做，那么过去处理不了的问题，可能就有机会迎刃而解。

5. 问题：启迪人心的不是答案，而是问题

卖鱼的李老板，假如要在营业时间内卖掉所有鱼，平均每一分钟要卖掉六条鱼。然而就在他卖掉一半鱼时，平均每一分钟只卖了三条。如果他仍想在营业时间内卖掉所有鱼，剩下一半的鱼平均每一分钟要卖掉几条？你的答案是什么？

这是前段时间在学校与学生们分享的问题。当时让每一位参与者独立作答，得到最多的一个答案是"九条鱼"。因为若前半段的销售速度较慢，想达到原目标，后半段自然就要补上落后的销售进度，这是一个平均值的概念。

这样对吗？

那么如果我们对于题目的基本设定不变，只将最后的问法变成：

他还有可能在营业时间内卖掉所有鱼吗？你的答案是什么？

得到什么答案，取决于如何问问题

这样的题目，当我们以第一种方式来提问时，不少人都会下意识地认为，这是一个平均数的概念，而给出"九条鱼"这个最常见的答案。然而如果我们一开始就采用第二种方式来提问时，不少受访者就会开始试着去思考，这题目有解吗？

事实上，当卖鱼的李老板多花一倍多时间来卖半数鱼，他就已经用尽当天的营业时间了，除非他延长营业时间，否则根本不可能达成原先的目标。一样的题目，当我们以不同的方式来提问时，人们想到的答案往往就容易被引导到不同的方向去。

观察市场上生意好与坏的鱼摊，生意好的老板通常说："来，这位客人，要白鲳还是黄鱼，早上进的正新鲜，一次拿三条算你便宜。"

生意差的老板通常说："来，这位客人，要不要买鱼呢？欢迎随便看看！"

这两种问法的差别是，第一种问法引导客人思考该买什么鱼，买多少？第二种问法，却将客人先带到该不该买的思绪中了，生意自然差。

美国个人成长权威人士博恩·崔西也曾说："市场销售中最重要的一个字，就是'问'。"

问题启迪人心，也能设计人心

人们的思维具有方向性，容易顺着问题脉络主观地思考问题，也常受到过去的经验和习惯影响，多数人都是在遇到问题的当下，才开始针对问题思考，因此脑袋就存在着很大的空间，是能够被问题所暗示和诱导的。

法国剧作家欧仁·尤内斯库曾说："启迪人心、发人深思的不是答案，而是问题。"

一位良师益友，往往擅长用问题帮助人们思考。哈佛商学院所采用的个案式教学，就是采用一种完全开放式的问题模式，提供给所有的学生自由思考的空间，并开放地允许所有人发表完全不同方向的意见，以激荡出更多的灵感。

有趣的是，不只是良师益友擅于引导问题，聪明的商人、有心人士或谈判对象也经常设计问题，作为达到目的的思想工具。只要擅用多元问题来引导对方思路，打探对方意向，就能在对方没回过神来前，先行达到自己的目的。

学会设计问题的脉络，看懂问题背后的逻辑，是门必修的学问。

带着问题思考与质问力

人类的经济文明演化可分为四个阶段：农业经济、工业经济、知识经济、网络经济。在农业时代和工业时代，只要肯努力按照社会期望过日子，就有机会置业、生子，安稳过一生。

然而过去这种跟着大众走的安全时代已经结束了，到了知识和网络经济的时代，已经不再有标准答案，每个人都应学会投石问路的本事。如今的世界变化迅速，懂得对问题的本质提出质疑，才能够独立思考、调整观念，并提出适应当前情势的做法。

学会带着问题思考的能力，并经常试着提出质问，自问对问题是否已经彻底理解，不了解就问。不要依赖单一资讯，不要轻易接受他人的意见或看法，要躬行，直到自己理解问题为止。掌握问题本质，才能够找到解决方法。

好的问题思考力有时就像挖矿探勘，要挖得够深才能有所收获；好的问题思考力有时又像旅游观光，一些好的发现和收获往往出现在不经意处。

发明家查尔斯·凯特灵曾说："能清楚地陈述问题，问题就解决了一半。"懂得思考问题，拥有质问力，虽然不会让问题变少，但问题将不再难解。

6. 风险：做一个同时掌控风险和效率的平衡者

在某个国家城郊的林间大道上，没有速度限制，但建议速度是 130 千米／时。路上的车不多，可以很轻易地飙升到 190 千米／时以上，在这种情况下，你会选择开多快？60 千米／时、130 千米／时，还是 190 千米／时？

"真倒霉，这次旅行赔了几万块。"一位到国外自助旅行的朋友跟我们诉苦。

"赔了几万？你是干了什么好事？"我们问。

"撞到鹿！"

"撞到鹿？"

原来，这位朋友为了好好地体验旅行，换了国际驾照租了台车，享受在异国郊区奔驰的快感。因为车少路又宽，他将车速提到 130 千米／时以上，结果在一个行车瞬间，忽然从旁边的林间钻出一头鹿，车速过快刹车不及，就这样迎面撞上了。车头和挡风玻璃全毁，自己受了伤，还折损了一头鹿的生命。

由于心存侥幸，他的保险买得不高，因此修车、赔偿、医药费等，花了几万元，加上撞到鹿的那一瞬间太惊恐，暂时都不敢再开快车了。

这样的经验也不一定全是坏处。因为从此之后，他开始懂得正视风险评估的重要性，该买的保险要买，该减速的地方会减速。

小事无原则，大事也不会有

你有没有过这样的经验？明明自己要直行，可总有车不减速地直直地冲过来。

仔细观察，有这种危险驾驶习惯的人，做事通常不可能太成功。他们认为自己帅气地行车，绝不会那么巧有其他车辆撞上来，就算有其他车辆也应该会刹车让自己。这就是一种心存侥幸的思考习惯，也反映了一个人面对风险的价值观。

就算发生严重事故的概率微乎其微，多闯个几次总是会碰上，无论概率再小，任何坏事总有可能会在最糟的情况下发生。这种假设自己应该不会那么不走运的人，也是最不值得结交的朋友，因为他们随时有可能大祸临头。

巴菲特曾说："在小事上没有原则，在大事上也一样会没原则。"

一个人的价值观，从这些小地方就可见一斑。快车开多了，总是会撞到鹿啊！

反而，坚守一些习惯和原则，习惯先确认路况的人，不进行无谓的冒险，总是将可能的风险都考虑进去，在行事态度上通常也会较谨慎，也不容易闯祸，这样的朋友才值得结交。"安全是回家唯一的路"，很多人都听过这句话，但就是听不进心里去。无论做什么事，都一定要先习惯将风险考虑进去，当风险能够被适当评估并能承受的时候，再想办法提升效率。

"与其去杀死毒龙，不如去避开毒龙。"巴菲特说。

风险思考

回到一开始的问题，那么在这个林间大道上，我们要开多快？从安全第一的角度来考量，或许应该开个60千米/时，对吗？

实则不然，过度追求稳健的人，总会因为太过小心，鲜少有什么开创性的收获，面对一些机会，容易处于较消极被动的状态。也因此，他们在大部分的情况下又会显得太没效率。

脸书创始人扎克伯格曾说："在一个快速变化的世界里，100%会失败的策略就是不冒险。"

所谓的不冒险，就是为了安全起见，去追求所谓的零风险。然而风险和回报率往往是相关的，想要高回报就会有高风险。反之，零风险的时候，就是报酬也几乎趋近于零了。

事实上，高风险或零风险可能都不是好事。高风险代表的是一种赌博，零风险代表的可能是一种低效率。所以最杰出的投资者，通常都不会是高风险的追求者，更不可能是零风险的追求者，而是能够同时掌握风险和效率的平衡者。

面对最初的车速问题，我认为最好的选择，是以建议的 130 千米 / 时来行驶，同时兼顾到出现突发状况的风险反应时间，以及汽车的速度。

架设大桥时，如果你打算让 100 台车同时在上面行驶，那么桥的载重量，最少要在 200 台车以上。如果在这条林间大道上，你预估面对突发状况的速度极限是 190 千米 / 时，那么你最好只开 130 千米 / 时，但也不用慢到 60 千米 / 时。

适当的风险不是坏事，得学会与之共处。

7. 利益：做角色扮演，分析各角色的立场

A 公司要被 B 公司合并了，因此 A 公司提供了一份同意书给所有基层员工签名，让他们选择留下或者不留。同意书注明了，如果员工想要留下，就要接受不平等待遇，未来待遇福利要大打折。然而，A 公司的高层向员工做出口头承诺，表示会在其他地方尽量为他们争取福利，你该相信吗？

这是我从一位朋友那里听来的故事。他原先在 A 公司从事基层工作，由于 A 公司经营不善，长年无法稳定获利，因此要被 B 公司收购了。

为了合并，公司设计了调查表，要调查 A 公司里每一位员工的工作意向，并注明如果选择留任，未来几年内，都不会有年终奖和节日奖金，且即使是同一职位，被合并的 A 公司员工，待遇和福利都会比 B 公司的员工差很多。

然而如果选择离开，等于公司要以遣散的方式处理，

一来有不少的遣散费，二来如果大量遣散也恐影响公司声誉，或是牵扯到相关的法令。

因此，A 公司的高层便积极游说基层员工，希望他们先签下那份不平等条约，以免影响到整个并购案的数据，并口头承诺，虽然未来没有年终奖和节日费，但会想办法从其他地方帮忙争取福利。

该留不该留？

角色扮演与立场分析

我的这位朋友觉得一切太不公平了，因为自己是被合并方的员工，就得接受同工不同酬，变成三等公民，承受不平等待遇。太荒谬了！那些高层不可能那么没有智慧吧？或许，未来这些高层会兑现承诺，把他们的待遇要回来吧？

是吗？

遇到这样的案例，我们可以先试着"角色扮演"，思考究竟每一个角色，他们脑袋中所想的，以及他们所面对的利益关系是什么？

Ａ公司的基层：收购后变成三等公民，还同工不同酬，怎么会有如此不公平又没有智慧的事？我们的高层应该会为我们争取更好的条件吧？

Ａ公司的高层：要顺利完成并购案，还要争取到我们高层未来更好的位置和条件，所以用最经济的方式精简基层人事，就是我们的目标之一。

Ｂ公司的基层：我们明明是赚钱的公司，凭什么你们被我们收购，还要享有靠我们赚来的利润和福利，你们本来待遇就不该跟我们一样，我们肯给你们工作，已经算很好了。

Ｂ公司的高层：收购的价格越低越好，收购后的人事成本越低越好，只要能掌握关键资源就好。

合并案股东：目标就是以最小代价取得经营权，至于对每一个人公不公平，真的不是太重要，因为企业经营就是要看数字和获利。

利益思考：趋利是人的本能

发现了吗？

这位原先觉得这一切都荒谬不合理的朋友，如果将其他角色的立场展开来看就会发现，自己主张的公平性和合理性，可能是与其他角色的利益和立场相悖而行的。

A 公司主管要求表现，以求未来的定位；

B 公司主管要求绩效，以求用最小的代价收购；

B 公司的基层，认为所谓的公平，就是不能伤害到自己的既得利益。

绝大部分的人，都是从自己的利益和角度来思考事情的，但遇到问题时，往往关乎不同立场的人的利害关系。这时候，最好的思考习惯就是好好分析每一个人的立场和利益。不要随便相信任何没有白纸黑字的承诺，这就是一种利益思考。

经济学家亚当·斯密曾说："每个人都不断努力为自己所能支配的资本找到最有利的用途，当然，他们所考虑的是自身的利益。"他还说："我们不能借着肉贩、啤酒商或面包师的善行获得晚餐,而是源于他们对自身利益的看重。"

所以我的建议是,如果你有能力找到另一份条件更好的工作,此处不留人,自有留人处。然而如果选择留下了,就别再去幻想那些口头的承诺会实现,也别去幻想未来会变得公平。

因为那个"未来"不会来,资源拥有者和既得利益者不会想跟你玩平等的游戏。事实上,一百个人的心中可能就有一百种不同的公平。唯有培养出自己的本事和资源,成为利益的创造者,你的选择权才会更大。

8. 大局：成大事者，既见树木也见森林

有一位在大公司任职的朋友，头脑好、学历好、绩效好、执行力又强，很快就做了小主管。他是组织里最有效率的人，并且认为同事应该要尽可能依他的节奏来做事。然而这样的心态，却反而让他不再升迁了，为什么？

"我的能力、执行力都是团队中最强的，大家本来就应该配合我。"这是他经常挂在嘴边的口头禅。他认为职场就是应该要以能力挂帅，让有能力的人全力发挥所长，能力一般的人得全力去配合有能力的人，而不要把太多的资源放在没有能力的人身上。

似乎有些道理。

然而老板虽然愿意给他较高的薪水，但公司和部门的政策和福利，他却总是沾不上边。就像是有一层看不见的天花板，当他的职位和薪水到了一个级别后，就升不上去了。

这样的案例还真不少，在大大小小的公司、组织中都可能发生。

虽然他个人的绩效一流，成绩斐然，但是身边的人总是跟不上他的步伐，他带领的团队也表现平庸，着实可惜。这样的人，就是缺乏"局"的思维。

局的思维

什么是局的思维？

我们可以想象一个组织就像是一盘棋局，当中会有各个不同定位和能力的棋子，可概分为：将、士、象、车、马、炮、兵。

"将"通常就是组织中的老板，"士"则像是老板身边能力不一定很强，但总是形影不离的亲信。"象"和"马"可能是能力不错的骨干型人才，"炮"类似于拥有跳跃型思考力的创意型人才，"兵"则是随时可被取代的人手。

而在我第一次接触棋局时，就被车的强大威力折服。

只要有空间，车能够直取对方阵营的任何一颗棋子。它可以代表组织中能力最强的一个人物。

但就是因为它太强，所以不少人最初接触棋局时，很容易过度顾虑它。总是想着，我要怎样使用车攻下对方阵营，我要如何保护车不被对方吃掉。结果为了配合车能够多多发挥，只专注在车上，最后反而顾此失彼，压制住了其他棋子的舞台和可能性，也因此难以赢下棋局。

然而想要下赢一盘棋局，首先你要保住自己的将，然后去攻下对方的帅。在这个过程中，将、士、象、车、马、炮、兵的使用无一不是关键，只想着让单一棋子发光发热，根本不可能拿下棋局。

弗洛伊德说："人生如棋，一步错全盘皆输，而且人生还不如一盘棋，不能重来，也不能悔棋。"

所以说，这位个人能力不错的朋友，就像是那颗赢不了棋局的车。个人能力很强，但对于整个组织而言却帮助有限。如果没办法顾全大局，最终仍然会输掉整盘棋。

如果你有幸是颗能力很强的车，那请你不能只想着要建立战功，杀到敌营取敌将首级。反而，你要懂得利用自己的影响力去帮助其他棋子，让炮有机会出其不意地狙击，让马和象有机会从旁侧击，还要同时保护将免于危难之中。

培养大局思维

能够在组织中大展身手的人，不一定是个人能力最强的人，但通常是擅于看清大局，既见树又见林的人。

就算你的能力像车，也别只用车的视角看世界，要从整个棋局的角度看世界；因为就算是能力高强的车，如果只懂得单兵作战，最后的影响力，其实跟兵差不多。有些车的能力很好，但要让自己像个将，别让自己像个兵。

所谓的大局思维，就是能够看见局的全貌，而不单单只关注局部。为了能提升自己的思维和决策能力，培养大局思维就显得颇为重要。

同样的一件事、一个局，在有大局思维的人与没有大局思维的人眼中是全然不同的。常听人用"格局大"来形容一个人视野广阔、见识不凡，而所谓格局大的人，正是指那些能够看见他人所看不见的景观，并能够预测他人看不见的未来的人。比起局部的胜利，控管大局才是更重要的。

第四部分

行动力

⚑ 行动力

走到你目之所及的最
远处，当你到了那儿，
便能看得更远。

⚑ 知识力

读书太多而少用脑的
人，通常会懒于思考。

背书：记忆能力　　念书：学习能力　　说书：表达能力　　写书：架构能力

1. 行动：走到目之所及的最远处，才能看得更远

在一场演讲中，我向听众们分享这本书里的一些主题。在最后的提问环节，台下的一位朋友问了我一个问题：为什么你能有这样的行动力，可以定期在专栏发表文章，甚至能出书？

这位朋友也很爱写作，却总是不能持之以恒、定期产出，想的永远比做的多。

这个问题我过去没想过，不过当下最下意识的回复是："因为我有专栏，所以就有了定期交稿的需求，后来又有了书约，所以有了更多的按时交稿的必要。"

如此说来，从某些角度来看，我的行动力其实颇为被动。然而事实上，行动力的本质，正是由主动和被动这两股力量交织而成的。

于是又有人问："既然要有专栏或书约才能带来更多动力，那么，没有这些资源的人又该怎么办？"

自己想办法去要啊。

我最初的专栏和机会，都不是人家找上门的。我不是什么名人，根本不会有人主动邀我写专栏、出书。反之，最早的所有机会，都是我自己毛遂自荐，不停地投稿，自己准备好出版计划书交给编辑，不停地主动提案，直到被认可后才得到了这些"被动"行动力。

先有鸡还是先有蛋？一直是千古难解之题。有时候行动力也是这样，究竟是要先有一些成就感才能有一些行动力，还是要先有行动力，才有机会掌握到一些成就感？

走到目之所及的最远处，才能看得更远

行动力的本质是一种主动性、被动性、习惯性、动机性和目标性。换言之，你要先有明确的目标，这个目标得有些挑战性，但你又能达到。

刚开始决定用写作来为自己的工作加分时，我设定的目标，是成为专栏作家；拥有了专栏后设定的下一个目标，是专栏文章破百；当专栏文章快要破百时的下一个目标就

是出书。就像是站牌一样，要一站一站地抵达。

当时我一共有四个专栏，平均每个月至少要产出五篇文章以上。

一开始，我很担心自己会灵感枯竭、江郎才尽，然而当我真正投入后却发现，写作会越写越有效率，越写越有想法。专栏文章数破百后，因为文章的累积，有了出书的机会，于是就在一年内完成了三本书的出版。

行动力有一个很重要的关键点，就是要先把子弹打出去。行动力有时候是一种习惯，你得先开始启动，并试着走到下一个站牌。等有了一点成绩和成就感后，你才能更有动力地往前走。

金融家约翰·皮尔庞特·摩根曾说："走到你目之所及的最远处，当你到了那儿，便能看得更远。"

世界上的大多数事情都是如此，我们无法在起点看见路途中的风景和终点的样子，但是只要一直往前走，能看见的景色就会更多，思考及视野就会更广。

如果等到好好思索完自己的人生目标是什么再行动，这个人可能终将一事无成。唯有不停地往前走，才知道前面有什么。要行动，就得先走出第一步，才会产生行动力，否则看见的景观永远只有起点的样貌。

行动力：先动起来吧

曾经有位朋友一直很想当旅游博主，希望能有机会拉到一些广告或得到一定的知名度。但是他还未走出第一步，就开始担心成功后的事情：会不会赚不到钱，会不会人红是非多，会不会被网友嘲笑讥讽，会不会影响到本职工作。想法很多，做的却很少。

管理学家家劳伦斯·彼得说，失败者有两种：一种是光想不做的人，另一种是光做不想的人。或许一开始做出来的东西不会太好，但只有先想办法做出一些烂东西，才有机会思考如何做出好东西。

大部分的事情，最后的结果通常与最初设定的目标会有一定的落差，这很正常。在完成目标的过程中，一定有一些妥协，然后会不停地修正自己的目标和行为。也是在此过程中，我们可以了解自己什么做得到，什么可以适当地放弃。

　　行动力需要内在的主动力，也需要一些外在的被动力，更需要一些目标和方向。有了大概的方向后，才知道自己要往哪里走。先动起来吧，唯有如此，才能知道我们到底能做些什么。

2. 知识：背自己的书、读自己的书、说自己的书、写自己的书

在一家百货公司的地下美食街餐厅，一位妈妈不顾旁人的目光，当着众人的面大声训斥自己念中学的孩子。

"你如果不好好读书，以后没出息！""不要花那么多时间在课外活动上，这对你的课业没有帮助！""我是为你好，不然你将来就只能在餐厅端盘子！"

在餐厅吃饭，还拿餐厅里的情境来教训小孩，这位妈妈可真会找时机。像这样的家长还真不少，他们总认为学校成绩就等于孩子未来成就的高低。

然而有许多故事告诉我们，小时候成绩好和长大有没有出息没有绝对的关系。一来在职场上多数用不到课本知识，二来人际关系和解决事情的能力在职场上相对更重要。

事实上，青少年时期，我是一个完全读不好书的小孩，中学念的是年级排名倒数的班级。求学过程中，我曾面临

过不及格、补考、延期毕业、肄业。可以说，身为一个学生，所有在学业上最糟糕的处境，我都经历过了。

即使如此，我却依然成为一个靠知识经济赚钱的工作者。有趣的是，不单单是我，不少小时候读不好书的孩子，长大后却能成为老师、作家、顾问等需要运用大量知识的职场人。为什么？

背书、念书、说书、写书

我认为最大的原因在于，书本知识的运用，绝非像我们学生时代看重的成绩一样，只建立在分数的高低上，而是包含许多不同的用途和呈现方式。每一种方式所需要的能力也不尽相同，我将之概分为"背书、念书、说书、写书"。

1. 背书：记忆能力

背书是一种记忆能力，也是一种类似加法的能力。在高中之前能拿到高分的孩子，大多都是靠的这项能力，就是很懂得如何把别人的东西和标准答案复制、粘贴，是一种相对被动的知识能力。

2.念书：学习能力

念书是一种学习能力，也是一种类似减法的能力。拥有此能力的人，开始懂得知识的取舍，并能在吸收后内化为己有。常听人说阅读能增进一个人的竞争力，讲的并不是背书而是念书，这是一种对知识产生兴趣或需求后，相对主动的知识探索力。

3.说书：表达能力

说书是一种表达能力，也是一种类似乘法的能力。如何将书本的知识内化成自己的语言，然后再加上自己的故事后，把自己的所思所想快速传达给别人，也是舞台魅力的一种。

4.写书：架构能力

写书是一种架构能力，也是一种类似除法的能力。将脑袋中所学、所知、所思、所想，以有逻辑、有架构的方式，去芜存菁后，用清晰明了的文字呈现出来，这属于一种知识创作力。只要是知识工作者，都很重视文字的架构力。

找到自己的知识经济力

爱因斯坦曾说："书读太多而少用脑的人，通常会怠惰于思考。"这就是陷入了只会背书的习惯中。

小时候大人眼中很会读书的好学生，其实就是背书背得好的人。当然，如果你的背书能力很强，还能乐在其中的话，那么利用这项能力，选择一条用考试决胜负的路线是不错的。但若背书能力差，我们仍然有许多其他选择，不用被这单一标准所局限。

小时候课业成绩不好，真的不代表未来就不能成为知识型工作者。因为抛开考试，大部分职场上最有用的知识运用能力，其实是读书、说书和写书的能力。读书人擅于学习、说书人擅于表达、写书人擅于架构，通过这些知识经济的运用和转化，才得以淬炼出自己的独特竞争力。

背书、念书、说书、写书这四种能力，可能相互关联，却也可能独立呈现，会背书不等于会念书，会说书也不代表能写书。但试着去弄懂自己这四项天赋能力的消长，将有助于职业生涯的选择，也有助于自我探索和创作。

管理大师大前研一曾说："最要不得的事情，就是去活他人的人生。"

要想当一个知识经济的"神偷"，首先你要先了解自己的知识天赋。每个人的天赋不同，适合他人的学习方法不一定适合自己，请背自己的书、读自己的书、说自己的书、写自己的书。

3. "偷师"：最快的变强方法，就是向比自己强的人学习

让自己进步最快的方式是什么？很简单，与强者为伍，想办法从强者身上学到本事，培养自己的"偷师力"。

每个人都有自己的人际关系圈，儿时的玩伴、学生时期的同学及职场上遇到的同事等。看一个人的人际关系圈，差不多就能对这个人有大致的判断。

有一个理论是这么说的，找出五个最要好的朋友，而他们五个人相加后的平均收入，会在一定程度上反映我们的收入水平。

传奇鼓手奎斯特拉夫说："我只与值得效法的人往来。"

请与有能力的人为伍，了解他们的思维、习惯和行动方针。

然而无奈的是，围绕在我们身边的是哪些人，很多时候是由一个人的出生环境决定的。我们无法选择自己的出生家庭，我们都只能想办法在现有的资源下，努力去找到自己能掌握的优势。

和比自己强的人为伍

先不提含着金汤匙出生的人，大部分能够从零到有获得一些成就的人，他们都很愿意与比自己厉害的人为伍，并通过向他们学习逐步提升自己的能力，也通过与他们的交往逐步认识自己能结交的人。

喜剧演员威尔·罗杰斯曾说："学习只有两种途径，一个是阅读，另一个是与更聪明的人为伍。"

硅谷 Y Combinator 的前总裁山姆·阿尔特曼曾说："不论你做出怎样的选择，与他人建立联系，确保身边被聪明人围绕。"

然而比我们厉害的人，当然也只想与更厉害的人为伍，那怎么办？

很少能做到十全十美，而和比自己强的人结交的一个前提，就是你不能处处都不如人。也就是说，你至少也要有一些值得他人参考学习的地方，比如，演讲、写作、语言、厨艺、设计、工程等等。只要你有些长处值得借鉴，聪明的人都不会吝惜跟你讨教。

让技能成长的关键，就是别花太多时间在一个处处都不如你的人身上，同时也别妄想去结交一个十全十美的人。前者只能带给你优越感，于你的成长无益；后者不会想花太多时间在你身上。

变强最快的方法，就是跟比自己强的人学习，而这张入场券是你得先有值得让人借鉴的一技之长，这样才能建立自己的"偷师力"。

4. 偷懒：我们到底在忙些什么？

上大学时，一堂不分系的选修课上，老师给我们布置了一个作业。老师让我们找一家企业，试着结合管理理论做讨论，期中时做一次分组报告，老师给出评语和建议后，期末再做一次报告。

记得当时有一位学生，展现出了很强的积极性。他跑到图书馆找了不少的资料，还一本一本搬回来，让我们可以立刻投入报告的讨论。

选定题目后，任务很快分配完毕，大家回去着手搜集整理资料。为了把报告做得更好，他还邀请组员一起到该题目涉及的公司拜访，带回了不少宣传资料。

我和部分学生隐隐约约地认为，只是一份报告，似乎不必这么麻烦，应该还有更聪明的完成方法。但这位学生如此积极投入，似乎也不太好泼他冷水，于是能配合就尽量配合。

或许是资料太多，拼凑感太强又不聚焦，期中报告的整体表现并不理想，老师给予的评价也不太高。

然而对于这位全心投入的学生而言，这是一个难以接受的结果。于是，他坚决地说："这家公司不太适合，我们换题目！"

是的，为了能让报告拿到高分，他坚持推翻重做，也愿意一己扛起最麻烦的工作。其他学生认为根本没有必要搞成这样，他的坚持和勤奋实在让人头痛，但又不知如何开口阻止，于是勉为其难地又配合了一次。

结果到了期末报告时，这位勤奋的学生又弄了一堆资料，整整做了上百页PPT，问题是我们的报告一样没有重点，也没有提出老师想要的观点。最终老师给出的评语和评分，比期中还差。

"忙"就容易"盲"

假如这是你的学生，你会忍心苛责吗？这位学生比任何组员都努力。问题是，这样的做事方式，不但成果不彰，其他组员还为了呼应他的勤奋，被迫浪费了大量的时间和精力。他的"忙"在他人眼中看起来其实更像是"盲"。

我那时认为这位学生真是怪人。进入职场后，我才发现这样的人还真不少。这种人经常花大量的时间，努力让自己很忙，明明只要三两句就可以说完的事情，他们非要召集同人一起开会讨论。

有时候明明一通电话就能交代清楚的事情，他们非要跟你约时间见面，找一家咖啡厅好好地深谈，但深谈的内容仍旧是一通电话就能解决的事情。

明明只要从 A 到 B 就能解决的问题，他们非要先绕到 C 和 D 那里，再没效率地绕回来。

无论大事还是小事，这种人总是很习惯地营造出自己很忙的氛围，将自己塑造成大忙人的形象，还一定要拉身边所有人一起陪绑。事实上，这种人的这些行为，就是在浪费他人的生命。

与其当个庸庸碌碌的忙人，不如当个事半功倍的懒人

第二次世界大战时，德国陆军元帅曼施坦因曾经以愚蠢和聪明、勤劳和懒惰为标准，把组织中的人员分成了四类。

曼施坦因认为，聪明而懒惰的人最适合当主帅，因为他们懂得用最有效率的方法来领导管理；聪明而勤劳的人，则是最佳的副手和执行人。

那么哪种类型的人最麻烦？有趣的是，最该警戒的并不是愚蠢又懒惰的人，因为他们根本不会对组织产生太大影响。最让人害怕的，反而是愚蠢又勤劳的人，因为他们总是制造出一堆无用的工作，还一定要拉大家一起陪着，耗损整个组织的精力和效率。

梭罗曾说："光忙是不够的，蚂蚁也很忙。我们必须自问，我们在忙什么？"

忙什么比起忙不忙重要多了。别忙错了方向，与其当个庸庸碌碌的忙人，不如当个事半功倍的闲人。

其实做事有效率的人，都很懂得"偷懒力"的重要性。所谓的偷懒力，不是偷懒到一事无成，而是学会把力气用

在值得浪费的地方，用最简单的方式完成任务，而不在没有意义的事情上白费功夫。

一个拥有创造力的人，不但要拥有"复制力"，懂得去复制他人的创意来为自己所用，更要有"偷懒力"，用最省力的方式，种出最大的硕果。

5. 差异：与其只学会现有能力，不如去适应异化的未来世界

英文和作文，哪一个比较有用？

这个题目如果拿到二十年前来问，答案可能比较一致，很多人会认为英文比作文更加实用。因为英文好的人出路多，机会也多，无论是想要走向国际，还是在国内的外企发展，又或是从事研究、教学工作，英文都是一项相当重要的竞争力。如果一个人英文好，在薪资和职位的升迁上，都有相当的加分效果。

反之，如果我们不立志成为作家，又干吗要学写作文？

但现在再来思考这个问题，英文与作文，哪一个比较有用？答案可能就没有那么绝对了，为什么？

随着科技进步，看不懂、说不出英文的人只要通过相关工具，就能翻译出七八成意思。加上英文教育的普及，现在的英文能力已经相对不再稀有，更像是一种基础能力。

当然，如果我们其他的能力很强，好的英文能力会让我们如虎添翼。然而如果只是单独拥有英文能力，并不容易成为个人的差异化竞争力。

反之，作文能力过去看似不重要，但随着网络经济的到来，比起面对面的对话，很多时候文字的对话更显重要。无论是电子信箱、社交媒体、个人社群、通信软件，还是PPT、简报呈现，其实都与文字运用息息相关。

作文能力不只局限于作诗、作曲，也没必要写得有诗情画意，只要能表达清楚，说出好故事，就会有强大的竞争力。

同质力与异质力

英文与作文的本质有何不同？

英文更像是一种同质力，每个人学习的内容和表达的方式较接近，也较容易打出分数的高低。作文则更像是一种异质力，每个人学习的内容和表达的方式天差地别，可以是论文的学术写作、商业的书信往来、社群的交流互动、媒体的新闻专栏。一百个人可能就有一百种写作方式。

同质力像大家写着同一份考卷，然后比出分数的高低，能发挥自己特色的地方较少。异质力的考卷比较像一张白纸，能发挥自己特色的地方较多，可以各显神通。

当然，英文仍然是相当重要的能力，只是随着网络经济的发展，作文的重要性有了飞跃性的提升。未来的世界，人工智慧能代劳的能力，会越来越不值钱。

英文需要环境以及对该语言的逻辑力，作文则更需要想象力，讲究结合自己的兴趣、故事、专业或专长。好的逻辑力，可以帮助我们解决不少现有问题，但好的想象力，能带我们找到不少未来的契机。

逻辑力与想象力

爱因斯坦曾说："逻辑能让你从 A 到 B，想象力却能带你到任何地方。"

爱因斯坦是一个喜欢做白日梦的人。他充满了想象力，脑子里装的都是一些乱七八糟的东西，但能有所成就，还必须能从这些乱七八糟的想象力中聚焦，不受固定框架的限制，找出规律和结论。

我曾听过一个笑话，说爱因斯坦的脑袋比一个从来不用脑的人的脑袋还便宜，因为一个从来不用脑的人，脑袋是近全新的，而他的脑子则几乎消耗殆尽了。然而如果我们的脑子都很新，只用来处理僵化的旧有框架，这样的脑子虽然很"新鲜"，但能产出的东西却是廉价的。

我从小喜欢看漫画，小时候还幻想当漫画家，后来发现我没有绘画天分，就放弃了这个想法。不过不会画没有关系，现在的绘图软件功能很强大，我开始写博客时，就用这些绘图软件给我的博客添加了一些简单的插图。这种通过计算机工具画出的插画虽然不能拿来卖钱，但是在写作和绘图的过程中，我的想象力得到了培养。这个过程让我乐在其中，无形中强化了我的创意和生产力。

有人说，每一个孩子都是小小发明家，能够在想象与现实间自由转换。他们随手拿了根树枝，就可以变成一把宝剑；随手拿了块塑胶泡沫，就可以变成一块白吐司；随手捡了片叶子，就能变出一把扇子。

有人说，现在的孩子长大后准备进入职场时，其实有超过 50% 的工作现在还没出现。所以与其去死板地学会这个时代的现有能力，不如保留住想象力，维持好奇心和学习力，以更有能力去适应异质化的未来世界。

6. 成瘾："瘾"要用来酝酿竞争力

我曾在某大学担任专题老师，分享如何用访谈法做专题。当时，我的一组学生选定的题目颇有趣，是探讨"手游成瘾"的议题。为什么会选择这样的题目？

"因为我们有一位组员是'重症患者'，所以对这个题目特别有感触。"学生们半开玩笑地说出了他们的研究动机。

然而对学生们而言，这样的题目无论是提纲还是访谈对象的设计，都不太容易聚焦，该怎么办？很简单，我建议他们，如果设计不出提纲和受访者，不如先采访自己的组员。

首先，小组内的四位学生，通过彼此的对话，先各自分享自己玩手机游戏的状况，比如，每天花多少时间在上面，以及其他诸如人际关系、户外活动、课业表现等情况。

接着，我跟同学一起开始为"成瘾"分级：每天玩不到两小时的算"无症状"，四小时的算"轻症"，六小时的算"重症"，八小时的算"绝症"。而成瘾最严重的那位同学，不但每天花超过八小时的时间在手机游戏上，还荒废学业去打工，只为了支付每个月几千元的游戏费用。

通过他们对自己的评估，迫使他们去正视自己的状况和问题。也可以一开始就设计出提纲和受访者，试着去探讨这些玩家每天花在手游上的时间，并分析这将对他们的日常生活造成多么大的影响。成瘾较严重的玩家，在课业和人际关系的表现上通常较差。

"瘾"有时就是收获力的来源

但是，"瘾"一定是不好的吗？我认为那倒也未必。

有人说，要做自己感兴趣的事，才能培养出独特的竞争力，所以要能对某些事情上瘾。我认为这样的想法一点也没错。

从小到大，我也是有不少的"瘾"都跟学业无关。小学有集邮的瘾，我可以花上大半天的时间，将我所拥有的邮票整理、分类，这培养了我鉴定品项、整理分类的习惯。

中学时，我有收集球员卡的瘾，还特地去买专门的书籍来看，不停地研究每位球员的数据和涨跌趋势，这培养了我观察数字的习惯。

大学后，我热衷于经营网络竞拍，还特地上国外网站寻找商品，每天想着如何包装和定价，才能吸引买家愿意用更高的价格下单，这培养了我从顾客角度思考的习惯。

一直以来，我都有打游戏和看漫画的瘾。这看似只是在玩，却让我收获不少。一部好的作品，从角色安排、剧情铺陈到美术设计，都是不少人反复琢磨的结晶，只要能边玩、边学、边思考，就能从中得到不少的启发。

这一切都对我的写作颇有帮助。写作需要逻辑、整理、铺陈，还要能从读者角度思考，这些要素要通过刻意练习的方式去学，一定不容易；然而学生时代的这些"瘾"，却是最浑然天成的资源，不用刻意练习就有了。

"瘾"要用来酝酿竞争力

所以，每天泡在自己感兴趣的手机游戏世界里，不是坏事吗？不，事实上"瘾"可以分成两种：一种是良性的，一种是恶性的。

所谓的良性，就是指一个人对某一件事情的热衷或癖好，如看书、看漫画、追剧、打球、收藏品、吃美食等。而这样的瘾，是有机会形成个人独特竞争力的，比如爱书人成了作家或书评人，爱球人成了球员或球评人，爱美食的人成了美食博主等。

所谓的恶性，就是这个瘾显然无法提供什么启发，而且已经明显产生负面的影响。且就算当事人自己清楚，却摆脱不了，成了一种病态的瘾，如酒瘾、赌瘾。或是像前述的同学一样，为了一个瘾牺牲了其他更重要的事情。这样的瘾，或许就容易让人玩物丧志，变成剥夺一个人竞争力的恶性瘾。

谷歌联合创始人拉里·佩奇在大学时期就是一个对电脑成瘾的大学生。然而，他总是能够将这份热情化为行动力，最终成就了世界上最伟大的搜索引擎。拉里·佩奇曾说："如果在某一天的某一个时刻，你能为自己的突发奇想感到欣喜若狂，请记住这一刻的美妙并抓住它，铭记每一个上天赋予你改造世界的机会。梦想不会消失，而会变成一种习惯。"

瘾真的并非全然是坏事，但一定得学会分辨良性与恶性。瘾要用来酝酿竞争力，而非剥夺竞争力。

7. 群体：独处时得到力量，还是群聚时得到力量？

"每天叫醒我的不是闹钟，而是梦想。"

"成功的列车已经要开了，席位有限，快跟我们一起搭上成功的列车吧。"

"你想帮别人赚钱，还是帮自己赚钱？"

"机会是留给准备好的人，你准备好了吗？"

"你想实现财富自由吗？"

只要有参加过业务性质的激励课程或讲座，对这些口号就一定不陌生。组织希望通过这些活动，一来激励团队成员，二来吸引潜在的利基①，三来希望能打造团队的共识和文化。然而这样的活动在不少人的眼中，更像是"洗脑"或"无脑"的仪式。

---

① 利基（niche）是指针对企业的优势细分出来的市场，这个市场不大，而且没有得到令人满意的服务。

我们难免会遇到类似的场合，而喜欢独处，脸皮又偏厚的我一向不太捧场，也从来不曾被激励或影响过。久而久之，类似的场合我就避免去参加了。

事实上，我产出最多的时刻，都是独处时。无论是思考重要的事情，还是写作，都必须是在独处时才能有所作为；而在人多的应酬场合，往往是我脑袋最不灵光的时候。

一位做业务的朋友曾好奇地问我："像你们这种从来不被影响、不为所动的人，是怎样看待我们这些课程和活动的？"他认为我们这种人，应该会对这类事情不以为然，忍不住酸上几句吧。

群体迷思与群体极化

其实不然。这种课程和活动对我虽没有吸引力，可我认为，它们之所以历久不衰，还有不少人追随，必然有其效率性和商业价值。

就算我们不吃这套，还有别人吃这套啊。即使是在管理学课本上的学派，也分成了不同的门派。有的派别重规矩，有的派别重共识，有的派别重创意，有的派别重弹性。不同的派别就有不同的学问：追求创新的科技公司，就需要多些弹性；追求产能的生产工厂，就需要多些制度；追求严明的军队，就需要多些规矩。

根本没有最好的组织模式，只有用得好不好、合不合适的区别而已。激励课程不过就是众多门派的一种罢了，有其效率和适用性，当然也有其不足和限制性。

虽然不少的管理学总是强调要避免群体迷思，鼓励每个人独立思考，然而，没有独立思考习惯的人还是不少。所以想要快速影响多数人时，鼓励独立思考是最慢的，精神口号则是最快的。

当一群人的文化和价值观越来越接近时，就会形成一种"群体迷思"，最后所有人的态度和意见会越来越趋向一致，甚至往一个极端方向靠拢，这就叫"群体极化"。对于局外人而言，群体极化到了极致时，在外人眼中是难以理解的。但对于这些要拼业绩的群体而言，群体极化反而更方便管理及冲刺业绩，也有助于形成一种强势文化，供其他人模仿及追随。

以利为目的的业务公司是很明白这种作用的，所以激励型的演讲及课程容易复制又有效率，不会轻易消失。

独处时得到力量，还是群聚时得到力量？

如果你是一个善于在独处时找到力量的人，那么这类激励打气的活动，就真的只是浪费精力和时间。可是如果你独处时是个没动力的人，那么仰赖群体活动得到些力量，也没什么不好，只要知道自己在做什么就好。

卡夫卡曾经说："我必须大量地独处，我的成就都是基于孤独的努力。"

美国学术和教育之父诺亚·韦伯斯特却说："人们在一起可以达成一个人不能达成的事业。"

这两句话都没错，因为有人习惯在独处时得到力量，有人习惯在群聚时得到力量。

每个人都应该学会独处，与自己对话；每个人也都应该学会群聚，与他人对话。这并不是二选一、非黑即白的选项，只是选择程度上的差异罢了。认识自己的本质，再去分配自己的时间和精力，想清楚究竟是要花更多的时间和精力与他人交流，还是要花更多的时间和精力与自己对话？

但记住，如果一个人永远只能站在台下等着被激励，就永远不可能成为真正有本事的人。最终该努力的只有两件事：要么努力站到台上去激励他人，要么努力在独处的世界中找到自己。

8. 设限：进步的动力产生于有限的资源下

常听人们说，想要有所创新，就要打破框架，不要让自己的思想被设限。这样的想法并没有错，然而有时候如果不懂得适当设限，可能反而成不了事。

华人社会继承观念浓厚，不少中小企业在第一代打拼出一片天后，企业主就会传子不传贤。跟其他人相比，"企二代"人脉资源多，无论是接班还是自己创业，都相对容易得多。所以有些朋友会调侃：创业要成功，比起自己有能力，还不如老爸有能力。

偏偏我见过不少的"企二代"，在接班或创业后，反而把公司迅速地带往颓势。他们的一个通病，就是老爸给的资源太多。

他们并非白手起家，一掌握家里资源后，想请客就请客、想聘人就聘人、想摆阔就摆阔、想投资就投资，对于企业的成本和收益反而缺少了敏感度。反正出了乱子，有什么麻烦都会有人扛，他们只要顾着打点好自己的门面，让自己像个成功的二代企业家就好。

所以经常可以听到不少中小企业的二代，把上一代的资本给败光了，就是因为他们没有"资源有限、欲望无穷"的观念。

因此，不少聪明的老爸，都知道要让下一代有出息，首先要先限制他们的资源，这样他们才能学会运用资源。

进步的动力产生于有限的资源下

记得小时候玩过不少好玩的电脑策略游戏，而这些经典的好游戏，主角通常都不是最强的，而是在资源相当有限的局势下，想办法找到突破口，找出自己的利基点。

因为资源相当有限，在游戏初期，要金钱没金钱、要人才没人才、要名望没名望，因此为了顺利通关，所有的资源都得谋定而后动。例如要攻打哪个城？要出动多少兵马？要备妥多少粮草？或是要砸多少重金聘请贤士？

正因为游戏的资源有限，才更能让玩家沉浸在游戏世界中，投入心力、脑力去思考，也得以激荡出想法和创意。

然而在游戏普通版发行过一段时间后，游戏公司通常会发行所谓的加强版再赚一笔。

何谓加强版？加强版中，钱不够用，你可以在游戏中获得更多。自己的能力太弱？你可以去游戏中增强人物属性。好人才太难招募？你可以去游戏中降低这些人的忠诚度，方便你来挖角。

换言之，这就是一个跳脱现实资源有限的假设，变成资源无限的版本。这样的版本一来没有挑战性，二来也扼杀了不少创意。从另一个角度来看，这就像是拥有过多资源的"企二代"。

想要有所作为，资源得先受限

开一家咖啡厅，如果你资金有限，还得想办法获利时，装潢、设备、人力，每一项决策都得考虑再三。如此，每一个决策都是费过心思的。假如你没有预算限制，还不用考虑营利，每一个决策都只会是随意的挥霍。

想培养优秀的第二代，不是请大家不要给他们资源，而是资源一定要受限，让他们感受到资源有限，并能够自负盈亏。了解到自己的能耐后，他们才能懂得资源的可贵，进而去运用它。

如果第二代很杰出，给了太多资源，有时反而是在扼杀他们更多的可能。如果第二代很差，给了太多资源，只会像是在喂饱他们的物欲，增加其犯大错的机会。

没有足够的时间、金钱、经验，反而更能激发人们的想象力和潜力。资源有限会逼我们产生契机去思考，逼我们产生动力去行动，好好盘点现有的资源，在有限的条件下找出一个较好的方向。

自古以来，具有创造力的人，都是在受限的情况下激发创造力的。最好的小说作品，都是在几个主要角色的互动中激荡而出的。最好的论文著作，都是在几个重要观念中延伸出来的。最好的艺术作品，通常也是在灵感的碰撞中诞生的。

要发挥影响力，有时候就是要自我设限，懂得取舍，专注在更重要的地方。没有多多益善这种事，有所限制，才能有所作为。

第五部分

门派力

找到适合自己的门派和老师，再借此开枝散叶，理出自己的门派脉络，如此才有机会独树一帜，自成一派。

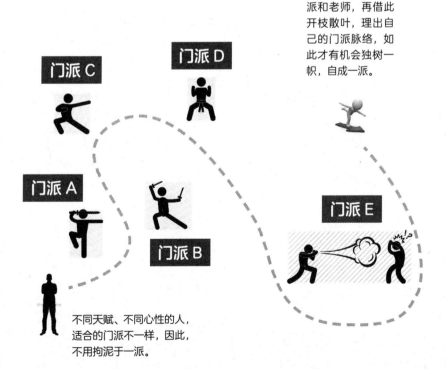

门派 C

门派 D

门派 A

门派 B

门派 E

不同天赋、不同心性的人，适合的门派不一样，因此，不用拘泥于一派。

1. 门派: 找到合适的门派和老师

金庸小说《射雕英雄传》和《神雕侠侣》中, 小说的两位主角郭靖、杨过正巧能代表两种截然不同的个性、天赋和际遇。

郭靖体格健壮、侠义敦厚、老实木讷、天资淳朴, 学习能力比谁都慢, 但却愿下苦功。

杨过俊朗潇洒、鬼灵精怪、狂傲不羁、天赋奇佳, 学习能力比谁都快, 但却喜欢耍小聪明。

两人同样都是屡获奇遇, 以致最后武功皆独步武林, 但人生轨迹却大有不同。

郭靖习得了九阴真经、降龙十八掌、空明拳、双手互搏, 所学不多, 却招招深厚纯熟。杨过习得了九阴真经、逆转经脉之法、全真剑法、玉女心经、蛤蟆功、玉箫剑法、弹指神通、打狗棒法、玄铁剑法等武功, 其生平所学之杂, 可说是整个金庸武侠世界中的第一人, 最后更集生平所学之大成，自创武功"黯然销魂掌"。

那么假设两人的际遇换了过来，结局会是如何？他们能够复制并习得另一个人的武功吗？

答案很显然是不可能。

天资驽钝的郭靖，一定没办法像杨过一样悟得那么多招式的武功要诀，更不可能跳脱框架，自创属于自己的新绝学。他只适合勤奋扎实地将少数几套功夫练到纯熟。

那么，天赋奇佳的杨过就能学会郭靖的武学吗？答案可能仍然是否定的。首先心性不定的杨过，没办法像郭靖一样扎实苦练同一套武功。而像双手互搏这种要脑袋放空的武学，更是杨过所不能学的。

门派思维

发现了吗？不论是小说中的武学，还是书本中的科学，都分成各种门派。不同天赋、不同心性的人，适合的门派可能不一样，可以说根本就没有标准答案。

美国的商学院可概分为两种体系：一种是传统的理论

式教学，一种是以哈佛大学为首的个案式教学。理论式教学以理论式架构为主；个案式教学则认为商业环境多元、复杂，不可能拥有标准答案，所以重在培养学生的商业逻辑和直觉。

两派阵营各有拥护者。对我而言，我从十五岁开始念商科，修了十几年的商科学分，却是直到接触了个案式教学，才真正在商业思维上开了窍。我不再拘泥于过去理论式教学提供的标准答案，而有了更多没有标准答案的个人思维。

再拿其他的学科来讲，有人精于经济学，有人精于管理学，有人精于心理学，而就算是同样的学科，也分成了许多不同的派系和思想。

管理学中，有重效率的科学管理学派，有重原则的行政管理学派，有重人性的行为管理学派，有重统计的计量管理学派，有重脉络的系统管理学派，有重弹性的权变管理学派等。

经济学中，有重视市场机制的古典学派，有认为政府应适时干涉市场的反古典学派，有强调自由竞争力的新古典学派，有强调要从总体经济出发的新经济学派及现代经济学派等。

心理学中，有重视规律的结构心理学派，有加入统计方法的功能心理学派，有重视潜意识的精神分析学派，有重视环境的行为心理学派。此外还有人本心理学派、认知心理学派、神经心理学派等。

找到适合自己的门派，再自成一派

每种学派都有优缺点，有相似和相斥之处，有精辟和适用之处，也有不足和限制之处。

所以，最能发挥影响力的人，往往能找到最适合自己的门派。

说唱天王 Jay-Z 曾说："我们自己选择要追随哪一位音乐前辈，这些前辈能够鼓舞我们，启发我们创造的世界。"

李小龙说："一门一派的武术家往往不但不肯直视问题关键之所在，反而盲从于所附会的形式和固定的招式上，从而越陷越深，以至不可自拔之地步。"

同样是投资股票，有人生来适合拥抱风险靠价差炒股，有人天性适合低风险，找到适合的标的存股。一样是投资房市，有人擅于靠价差炒房，有人喜欢安稳收租金。一样是创业，有人适合一鼓作气冲刺，有人适合按部就班慢慢走。

所以在求学上，不要乖乖地照单全收，因为老师或课本上的东西不一定没有用，但很可能不适合我们用。每一个人适合的门派不同，别去一成不变地复制他人的学习之路，找到适合自己的门派和老师，再借此开枝散叶，理出自己的门派脉络，如此才有机会独树一帜，自成一派，发挥自己的影响力。

2.门槛：跨越鸿沟，才能获得指数级成长

一位正在求职的女性朋友问我："如果我想学会计知识，再试着考几张相关证书，你有没有什么补习班或教材方面的建议？"此外她还想知道，在我看来，会计知识是否能让她找到好工作，获得高薪。

对此，我问了她几个问题。

为什么选择会计？过去有什么会计基础？你的职业规划是什么？

这位朋友过去念的是文科，会计基础仅仅是修过几个学分。之所以选择会计，只是因为她认为大部分公司都有会计，感觉这个专业比较好就业而且上手较快。

这样的想法哪里有问题呢？我认为是她能不能踏进门槛的问题。

首先，除非她很有会计方面的天分，不然学习的过程将颇为枯燥费时。虽然大部分公司都需要会计，但同时大

部分的大学都有会计系，且在求学期间，会计系对于学分和毕业的要求，通常比其他科系更加严格，对学生的要求也较高。

换言之，拥有会计基础能力的人太多了。她要从零开始靠自学把自己的会计能力提升到能跟这些科班出身的人竞争，门槛太高了。除非她真的很有天分或兴趣，能够长时间投入其中；或是已经是管理阶层，学会计只是辅助使用，那懂得会计的基础知识就颇为加分。但如果是想把它作为找工作的入场券，花了大量的时间和金钱，只是让自己学到一点点皮毛，对于找工作或升迁通常帮助不大。

很容易就能学会的技能通常不值钱

很多人学习新东西，都喜欢挑相对简单的东西来学，希望可以快速上手，但很现实的一件事情是：很容易就能学会的技能，通常不值钱。

以考驾照而言，摩托车驾照可能是某些人的第一张驾照；然而会骑摩托车通常不能形成有力的竞争力，最多就是把摩托车当成上班代步的工具，或者帮助人们做一些快递、外卖的工作。

接下来，大家可能会学习开车。汽车的职业比摩托车相对更多，门槛也高一些，可以做出租车生意，可以成为网约车和送货司机等等。如果驾照等级再继续提升，还可以开大货车、大客车、重型卡车等。如果你懂得开船、开飞机并能拥有相关证件，就有机会树立更高的准入门槛，竞争者更少，能获得的待遇更高，这时竞争优势就出来了。能够在某些领域获得超额利润者，一定都树立了一个较高的准入门槛。

打造自己的门槛竞争力

大部分电子游戏，如果初始等级为一级，从一级升到二级，甚至是十级、二十级通常都相对容易。但如果最高等级是一百级，当你想要练到八十级时，就必须投入大量的精力和时间，而此时，比你厉害的竞争者会少很多。当我们能练到九十级时，可就是世界排名中的佼佼者了。

大部分的领域皆然，在二十级前只是个新手，赚不到什么钱；在五十级只是个泛泛之辈，赚钱很辛苦。但当已经练到九十级以上时，就有机会赚到超额利润，还能很有面子。偏偏大部分的人都卡在五十级以下，也正因为有这个门槛，这个九十级才有价值。

　　就像街头巷尾的小吃店林立，但生意兴隆、大排长龙的店家并不多。有些店家之所以能够门庭若市，必定有他们的独到之处，可能是祖传的秘方、食材的把关、工序的拟定或人才的培训等。正因为不容易，所以才有价值。

　　投入一个领域，需要一定时间的积累，才能找到对的方向和方法。熬过酝酿期，累积足够的能力，跨越了那道鸿沟，才有机会产生爆炸性的成长。跨越这道鸿沟并不容易，但正因为不容易，当有能力跨过时，才能成为一个区别竞争力的门槛。

　　换言之，一项容易被学习并复制的能力，通常不值钱，因为没有门槛，就没有优势。与其寻找一个容易学会的技能，不如想办法找到一个不容易学会的技能，让这个门槛从此成为你的护城河。

3.门票：找到你的入场券

刚开始经营事务所时，我就发现自己在业界几乎毫无优势，而且市场已经发展成熟。

同行前辈长年所累积起来的执业经验、客户和人脉资源，都绝不是一蹴而就的。假如我要走一条和同行前辈完全相同的路线，在市场景气大不如前的前提下，我可能到退休都追不上他们。

然而这个时代有属于这个时代的优势。这是一个网络文章能被看见的年代，于是不少领域的工作者，都通过在网上写作来增加自己被看见的机会。

于是当初我定下了一个目标，我想以企业管理为写作方向，来慢慢累积自己的能见度，并希望有机会能够在《商业周刊》《天下杂志》《今周刊》等台湾地区主流财经媒体中得到一个专栏的位置，以增加自己知识型工作者的分量。

于是我开始研究相关的投稿渠道，向《天下杂志》的某个专栏投稿了第一篇文章。很幸运，这篇文章成功被刊登。于是趁热打铁，我在三个月的时间内，又陆续加码投了另外五篇文章，得到了不错的反响，有些文章的点赞数还成功破万。这些结果对我来说具有很大的激励作用。

直到已经有了六篇文章，我试着写了封邮件给杂志社，询问开专栏的可能性。可惜我没能得到正面回复。或许是时机未到吧，但也不到放弃的时候。六篇不够，我就继续写下去。我在一年不到的时间，就在那本杂志上发表了二十篇文章，这个数量比起大部分已经有专栏的作者还多。

我想再询问看看，结果仍然未得到正面回复。看来，我还是没能拿到这张门票。

累积能量，换扇门试试

于是我选择暂时转换跑道，写信给另一家杂志社，询问投稿的渠道，开始我另一段投稿之旅。随着时间的累积，我成功在"商周专栏"投了六篇文章。于是鼓起勇气死马当活马医，先问问有没有开设专栏的可能吧。

结果呢？又被否决了！虽然仍然未达成目标，但这次却得到编辑不少的反馈。编辑告诉我专栏的评估标准，主要是文章的观点和启发性，以及是否有独到性、与其他专栏的重叠性等等。换句话说，要试着找到自己与其他专栏作家不同的卖点。

有了这些反馈后，我更有动力了，以每个月平均三篇的投稿速度，在短短半年左右，就在"商周专栏"中累积了十八篇文章。

该再探询一下独立专栏的可能性吗？不，或许该再多累积一些其他东西。

于是我找到了我的母校，台湾科技大学大数据研究中心开设有一个专栏"大数聚"，于是我去毛遂自荐了。有了校友身份，加上在其他各大网站的投稿文章基础，我很快得到了这一个专栏机会，只是这次写的不是商管，而是我个人颇有兴趣的 NBA 篮球。

终于，我成功获得了自己的第一个专栏。接下来，我又再次回到"商周专栏"去询问开设专栏的可能，并附上已有的专栏。终于，这次我拿到门票了，完成了当初设定的目标，而且刊登的每一个字，都有稿费可拿。

一不做二不休，带着这个气势，我再次回到《天下杂志》，询问开专栏的可能。神奇的是，明明文章量没变，这次我却拿到了门票，成了有稿费可拿的专栏作者，完成了第二个目标。有了这些门票后，我又得到了我原先设定的第三个目标《今周刊》专栏邀约，从第一篇文章开始，就能以专栏的方式刊登。

之后因为专栏文章的逐渐累积，也让我拿到了与出版社洽谈出版事宜的门票。

门票：像超级玛丽跳格子

知名化妆品牌创始人雅诗·兰黛创业时，一直得不到消费者和百货专柜的青睐，那么她是如何拿到这张门票的呢？

她一次一次地亲自拜访，还采用了一个当初还没有什么人采用的营销方式——发送试用样品。通过这个方法，她获得了大量与经销商和消费者接触的机会。这个机会就像是一张张的门票，让她获得不少商业契机。

而当时某些厂商和专柜不愿意和小公司合作，几乎是一人公司的雅诗·兰黛在接客户电话时学会了变换嗓音的高低来扮演不同的职位。有时是经理，有时是会计，有时又是销售。通过不懈的努力，她最后成功拿到门票，使产品进驻了梦寐以求的专柜，最终成就了雅诗兰黛的化妆品帝国。

很多时候，想完成某些目标，不要期望自己能一蹴而就，就像儿时的热门游戏超级玛丽一样，如果你想要撞到较上方的宝物格子，必须要先找到较低的砖墙格子，把它当成跳板，才有机会得到较高位置的宝物。如果你想拉到最高的通关旗子，必须想办法找到足够高的制高点，才能一跃达成。

人生闯关有时候也像游戏一般，需要些垫脚石，才能拿到所需的敲门砖。

4. 时间：有能力的人知道如何利用时间

我是一个很喜欢一心多用的人，平常在使用电脑时，也不会只做一件事。通常我会将电脑荧幕分割成上下左右四等分，左上角是一个简单的游戏页面，右上角是用来浏览网页文章的页面，左下角是视频网站的影音页面，右下角是社交网站开启的社群页面，再加上数个文档。

可以说，我同时浏览网页、看影音、浏览社群、玩游戏，还能处理文书档案。从某些角度来看，我就是一个在大部分时间都很喜欢一心多用的"惯犯"。这让我能同时满足娱乐和工作等各项任务，也是我相当自在的一个空间状态，而且当我分心于多项事务时，最容易找到新的灵感和想法。

不过我也发现，一心多用时，我虽然可以做很多不那么重要的事，却没办法完成任何一项"高经济产值"的工作。只是搜集写作资料没问题，但如果是最后要完稿时，或是工作上需编制财务报表时，要是还采取这种方式的话，我的工作效率和品质将严重缩水，并且永远没有办法"完工"或"收工"。

有鉴于此，我培养出一个最重要的习惯——聚焦性的活动可"多工"，可以待在咖啡厅里或窝在沙发的一角，甚至随处站着处理。但只要准备从事高产值的核心活动时，就一定要"专工"，最好能好好地坐在电脑前处理。这成为我运用自己时间的原则之一。

时间并非越多越好

我从来不觉得自己的时间有多么昂贵。我愿意花上大把时间看着天花板发呆，玩喜欢的游戏，看喜欢的漫画，陪孩子读故事书、玩游戏。然而我不太愿意花大把时间参加一场没有意义的会议或者做一项没有效率的工作。

同样是浪费时间，差别在哪里？英国哲学家罗素曾说："当你乐在浪费的时间中，就不是浪费时间。"所以一样是浪费时间，如果能够将这时间用在自己感兴趣的事物上，就不算是浪费。

我讨厌让自己太忙。因为我发现，我最忙的时候就是我最笨的时候。大部分有价值的好点子，都不是在百忙之中找到的，反而是在时间有所余裕的情况下才有可能出现。

谷歌允许他们的创意团队有20%的自由时间，可以不被公司和主管的任务所限制，好好找寻自己想做的事。

达·芬奇曾说："有天资的人，当他们工作得最少的时候，实际上是他们工作得最多的时候。因为他们是在构思，并把想法酝酿成熟，这些想法随后就通过他们的手展示出来。"

有些时候，时间太多也不见得是好事，因为你感受不到时间的重要性。学生时代时间太多，每天只会想办法打发时间。不是说不能打发时间，但那或许是因为不知道方向，所以想办法去浪费时间。

哲学家叔本华说："平庸的人关心怎样耗费时间，有才能的人竭力利用时间。"

做 20% 的懒蚂蚁

有研究发现，在蚂蚁群体中，总会有 20% 的蚂蚁是懒惰的，要么窝着不动，要么就是在巢穴附近随意闲逛。另外 80% 的蚂蚁则是不停地辛劳工作。

所以这 20% 的懒蚂蚁就是不从事生产的庸才吗？不，正好相反。当蚂蚁群体遇到危机时，无论是巢穴损坏，还是食物来源消失，那八成的勤劳蚂蚁，反而会陷入一片混乱中，什么事都做不了。但那两成的懒蚂蚁却反而一改平常的懒散，即刻开始为整个群体寻找新的方向和目标。

原来，这群懒蚂蚁平常的"懒"，只是将精力和时间用在研究和侦察上，平常的空闲是为了能够在必要时刻发挥群体智慧，找到策略和方向，这个研究被称为"懒蚂蚁效应"。

我们不难发现，所有具有效率和影响力的人，他们更像是这两成的懒蚂蚁，一定会为自己留下一些空白的时间来思考和沉淀，以找到最适合的做事方法。他们不会像那80% 的勤劳蚂蚁，总是忙着处理眼前的事务。

管理学大师彼得·德鲁克曾说："专注于可造就最大生产力的活动上。"

让自己成为一个用 20% 的时间，完成 80% 的工作的人，而非一个用八成时间，完成两成工作的人。

5. 空间：能发挥所长的人，懂得打造适合自己的空间

　　同样是一杯现煮的拿铁咖啡，在超市里买可能只要十几元，坐在咖啡厅里喝可能要几十元，价差也许能达到三倍以上。咖啡在用料成本上或许有些差别，但通常差距不会如此之大。而这个价差真正的价值，大多是落在咖啡厅的空间感上。

　　超市的咖啡适合买了带走，就算能坐在店内喝完，一般也不会坐太久，不会让人处于一种最享受的状态。

　　反之，坐在咖啡厅里喝咖啡，无论是看书、写书还是洽谈工作，那里都是一个相对有效率的空间。为什么不少人喜欢与朋友相约喝咖啡聊是非，他们买的不是那杯咖啡，而是咖啡厅所营造出来的空间感，适合人们闲话家常，也适合人们在这里完成一些工作。

　　正确的空间可以降低人们的选择成本，避免将太多精

力花在不重要的地方。人们没办法在错误的空间中把一样事情正确地完成，不论是要完成手上的一个任务、学习一项新的技能，还是谈一个新的方案，都不太容易。

因为人们的精力和时间是有限的，一个错误的空间，往往会剥夺走我们太多的专注力，最后就容易一事无成了。

空间影响一个人的建设力

一个干净舒适的空间，有助于人们进行更有建设性、进取性的思考，而懂得去营造自己的空间，就成了一个颇为重要的课题。不少研究指出，空间整理和收纳的能力，有助于培养孩子的集中力和思考力，对于学习效果有显著的影响。

所以整齐的空间，就是最适合人们发挥创意的地方吗？那倒也不尽然。

其实，许多桌面杂乱的人都有过人的创意和成就。乔布斯、扎克伯格、爱因斯坦都是代表人物。他们的桌面通常都很乱，却能够借着凌乱的笔记、便利贴、书籍资料等，在这样的一个空间，将不同的元素结合，激荡出新的想法。

这些人与普通人最大的差异在于，他们的空间事实上是乱中有序的。在这些人凌乱的空间中，通常不会存在不常用到的元素，而是让他们用得到的元素，乱中有序地散播在他们的世界里。

所以到底是整齐的空间，还是杂乱的空间，最适合人们发挥能力？这并没有定论。不过可以确定的一件事，就是空间对于一个人的影响极大，只是每一个人适合的空间可能不尽相同。不少艺术家创造出不朽的巨作时，不是在什么环境高雅的画室中，反而是在一些环境恶劣的陋室里。有时候，环境越是恶劣，灵感反而越多，作品也越优秀。

所以一个越是能发挥自己所长的人，通常就越重视自己的环境，并懂得去为自己打造一个最适合的空间。可以是在咖啡厅的一角，可以是在街头的一隅，也可以是在家中的任何一个角落。

打造最适合自己的空间

创新需要空间，需要一个能够孕育灵感的地方。因此，几乎所有成功的企业，都了解空间打造的重要性。

知名的运动品牌耐克在打造空间这件事上从来不遗余力。耐克的企业文化是反传统、体育竞争、冒险精神和拓荒精神。他们决心不让这些文化只沦为口号，因此努力把这些东西落实在他们的空间中。耐克的总部有一片原始森林，有绿地、有湖畔，更有各式各样的运动场和球场。因为一个自由洒脱的空间，才能塑造出一群自由洒脱的工作者。

巴西裔教育家保罗·弗莱雷说："距离和差异是创意的秘方。我们回到家，家还是以前的家，但在心里有些事物已经改变，一切也因此改变。"

除了没有生命的空间，有生命的空间——人际关系，也是一种空间的影响力。有些人只愿意跟同路人交流，如此他们就永远只能听见一种声音，很难有更多的长进。

了解自己最具生产力的空间，是每一个具有高生产力的人都一定会去思考的课题。想让自己成为更有效率的人，先从打造一个最适合自己的空间开始。

6. 成功: 成功是个坏老师, 他让精明的人迷失自我

无论是职业生涯的选择、专业能力的精进或是创业的经验, 遇到问题时, 人们总希望能够找到一个有 "成功经验" 的老师或前辈来请教。似乎成功的经验, 无论在哪个领域都是相当重要的资产。但在现实生活中, 有时候成功经验却可能是失败的主因之一。

前阵子, 从事制造业的赵老板因为经营不善宣布停业, 还欠下了为数不小的债务。认识他的人都替他感到唏嘘。想当年, 赵老板经营的公司不但接了不少大厂的单, 雇了一大批员工, 而且还有相当不错的营业额。

为什么才十多年的光阴, 他就从一个成功的中小企业老板, 成为一个负债的落难企业家? 正是因为那所谓的成功经验。

成功的方程式

这位老板创业之初，正好赶上台湾地区最后一波制造业荣景，因为擅于应酬，成功接到不少大厂的单子。于是，他以此为根基，顺利赚到自己事业的第一桶金。

借着配合大厂的订单，全力去满足大厂的产能需求，扩厂、雇人、增添设备，在当时无疑是一个成功的方程式。这个经营模式让赵老板第一次尝到身为成功创业者的甜美果实。

那时候，赵老板的座右铭是：紧跟成功的大厂走，就会成功。这也是赵老板视为王道的成功方程式。而为了让自己的事业版图更大，他也竭尽所能地融资扩厂，买最新、最好的机器设备，因为唯有让自己的产能更有竞争力，才有机会去接下更多大厂的订单。

然而，这个世界变化得太快，随着科技进步以及网络时代的来临，这个产业的市场因此大幅度萎缩，他过去仰赖的获利模式，似乎已经跟不上时代了。大厂能够提供给赵老板的订单不断减少，这也显著反映了产业的没落趋势。

不过厂房已扩建，设备已投资，资金皆投入于此，如果现在放手，不但损失惨重，还代表自己过去对产业的判断失准。加上大厂仍能提供一些小单给公司，赵老板认为，只要继续等大厂的单，经营总会有起色的一天。这可是他过去数十年来赖以获利的成功经验。

于是，即使每个月都是赤字，他仍然选择相信自己的成功方程式，抓住成功厂商的尾巴，熬下去。

问题是，这些赵老板眼中的成功厂商，早就看出产业的变迁，开始选择转型，寻找新的制作方式和合作厂商。

就这样折腾几年，赵老板终究敌不过现实，宣布停业了。可惜他太固执，太晚看破，过去好不容易累积的事业财富，就这样随着时间，在厂租、设备和人事成本中耗尽了。

成功是一个坏老师

回顾这一段路，赵老板如果未曾经历过最美好的成功时光，让自己太过相信自己的成功方程式，或许他会更早去接受产业变迁的事实，早早地转型或者停业。

比尔·盖茨说："成功是一个坏老师，他会让精明的人们认为自己不会失败。"成功的经验或习惯往往可以成为我们面对未来挑战的筹码，让我们更具影响力，但有时候这些经验或习惯也可能会成为我们转型的阻力。当我们的身体和思维过度依赖过往的成功感觉，就会失去面对外界变化的反应能力。

一位长期在大学从事研究工作的朋友说，他永远不可能像我一样，写出适合一般大众阅读的文章。因为他受过严谨的论文和研究方法训练，还长期遵循着这套规范，写出了不少足以登上国际期刊的文章，学术写作的习惯已经深深烙印在他的基因里。在写优秀的学术论文这件事上，他信心满满；然而，通俗一点的文章他却写不出来。

有人说，缺乏经验有时候反而是一种资产。正因为缺乏经验，所以更不容易被现有的主流框架所限制，更不容易去遵循现有的价值观，反而能走出一条不同的路。

这个世界变化太快，没有永远成功的方程式，别让自己的身体和大脑被过去美好的成功记忆绑架了。

7. 失败：经一蹶者长一智

撰稿人向知名的专栏投稿，往往会石沉大海，音讯全无。

曾经有朋友问我："为什么你投稿的文章那么容易被刊载？"他也曾经尝试写专栏文章，却失败了。

其实他误会了，我也被退了不少稿，差别在于我没有放弃尝试，仍然厚着脸皮继续投稿。其实我投到"商周专栏"的前五篇文章，全部都被毙了。看着自己努力写出来的文字最后无用武之地，当初也颇感受挫啊。

然而莎士比亚曾说："逆境和厄运自有妙处。"虽然连吃了五次闭门羹，这五次的投稿却为我开启了另一扇窗。或许是感受到我的认真，专栏编辑也就把我当了真，回了我一封颇长的邮件，点出了我写作的盲点，还给了相当宝贵的建议：

针对您投稿的稿件，这里会给予的整体建议是可以加强文章的观点。所谓的观点就是这篇文章您想告诉读者的主要想法（论述）。理论型文章不是不可以，但还是希望能以事件为主、理论为辅，去带出所要论述的观点。因为重点是观点而不是理论，所以不建议花太多篇幅讲解理论。另外观点不新也不是不行，但所要支持观点的举例可能就要再具体一点或避免陈腔滥调。

这次的建议对我的写作习惯有不少启发。换言之，在重视流量的专栏，需要的是能引人入胜的故事以及值得被探讨的观点，而非将大部分的篇幅拿来讲陈腔滥调的大道理。

失败的经验，反而得到成功的反馈

于是就好像点了一盏小灯似的，我稍微能够看到路了，渐渐从百分之百被退稿，到只剩 50% 被退稿，到最后退稿率只剩下约 10%。就算被退稿，我也都能得到一些参考意见。有趣的是，如果稿子被选用了，是没有反馈和建议的，得要被退稿才能得到建议。

所举例的案例过于冷门，整体说服力不足以支撑太绝对
的观点。

整篇文章个人观点薄弱，故事架构的完整性不足以支撑
理论。

内容算是有趣，但全文观点性不够，看完会觉得所以呢？
没有结论。

本篇文章因为未能紧跟热点，所以不予刊登。

回过头来看，有些回信还真是直白。然而正因为有这
些反馈，被退的稿子其实都没有白费。不少建议成了我写
作调整的方向之一，最后也成功开了自己的专栏。如果不
是被大量退稿，我可能也得不到这么多有用的建议。

之后我有了出书的机会。曾帮我出过三本书的编辑，
说起话、改起稿来，其实也从来不和我客气。

出书与专栏不同，你需跳脱原先写专栏的思维，从一
本书的框架重新思考。

你出版的书会跟着你一辈子，所以须对自己的文字负责，不然我才懒得管你。

建议可写些真实例子，避免整本书的观念有一种跳出去在外围打转的感觉。

先别管我的意见，你就先照原本的意思写出来，我们最后再来找定位。

而当我把第一本书的书稿交出去后，收回来的，是一个像小学生刚开始学写字时，老师改完后交回来的订正本，满满的红字，告诉我有些哪些错别字要订正，哪些词语建议修改。

以前，我觉得这些退稿和修稿好像是一种失败，回过头来看，如果没有这些体验，那可能终将一事无成。

华特·迪士尼曾说："挫折发生时，你可能不会意识到，但它可能是你从世界上得到的最珍贵的东西。"

别耗费大量的时间预防失败

因为几次的失败就放弃了自己本来设定的目标，终将一事无成。

不少研究指出，失败的经验有时候比起成功经验更宝贵。别怕失败，失败很多时候比能学到的东西多太多了。

扎克伯格曾说："每个人都会犯错，人们耗费大量时间，专注于如何预防错误，避免懊悔。但事实上，我们都不该努力地把所有事情做对。"所以我们根本没有必要把每件事情都做对。多些失败的经验，反而能让我们得到更多的反馈和经验。

只要谨记一个大原则：留得青山在，不怕没柴烧。

可以尽可能地去尝试一次次的失败，但别轻易做出过度冒险的行为。只要能够让自己随时保有在未来能继续努力的筹码，每一次的失败，都将成为最宝贵的资产。